生物学的に、しょうがない！

進化心理学者
明治大学情報コミュニケーション学部教授

石川幹人

サンマーク出版

Q

これはあなたの遺伝子に問いかける問題です。
次の文章を読んで、どんな気持ちになるでしょうか？
その気持ちのまま、このページをめくってください。

ある**雨の日**、
あなたは友人に誘われて
初対面の人ばかりがいる**会合**に
出かけることになりました。
その会合では、ひとりにつき3分、出席者の前で
自分のことを話す時間が
設けられています。

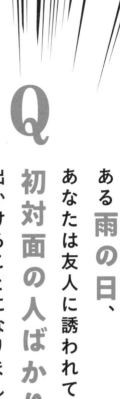

前のページの文章を読んで、
思わず「嫌だな」と感じませんでしたか？

それもそのはずです。

「雨の日」「初対面の人」「人前で話す」という
多くの人が苦手とし、できれば避けたいと感じることを
わざと入れたからです。

でも、そう感じるのは
あなたが天気に気分を左右される気分屋さんだからでも、
社交的ではない人見知りだからでもありません。

人間が生物として持っている遺伝子に刻まれた
プログラムが原因なのです。

はじめに

「生物学的にしょうがない」「人間だって動物なんだから」

こんな言い方は嫌われてきました。でも私は、「見直すべきときが来た」と考えています。なぜなら、こう考えることで、多くの悩みが解消できるからです。

人間だって動物です。犬や猿が特別な訓練をしない限り空腹を我慢できないように、人間にもできないことや、ついやってしまうことがたくさんあります。

しかし、人間だけがなぜか「できないこと」や「ついやってしまうこと」が許されない社会を形成しています。理由はあれども、それが生物学を専門とする私にとっては不思議でならないのです。

さあ、見直しましょう。生物学的にしょうがないことがたくさんある現実を！

まずは、生物学的に人間が抗《あらが》えないことの例をざっと見てみましょう。

嫉妬する

なんでも先延ばし、やりたくない

カリスマにほれてしまう

大して欲しくもないものを買ってしまう

夜になると寂しくて耐えられない

期間限定に目がない

思い通りにならないと怒りっぽくなる

片づけられない

いつも遅刻ギリギリ

病気になった

雨の日は出かけたくなくなる

漠然とした不安に襲われる

家族と顔を合わせるとケンカばかり

すぐイライラしてしまう

部下が言うことを聞いてくれない

年をとると涙もろくなる

自分がどう思われているか不安

食べ物があるとつい手が伸びる

メール返すのめんどくさい

知らない人が苦手

気が散って集中できない

会社に行きたくない

死後の世界を信じちゃう

見た目のいい人を目で追ってしまう

フラれてつらい

人前で話すと緊張してしまう

人に頼れない

仕事辞めたいのに辞められない

どうしても朝起きれない

ブランド品好き

いつも後悔ばかり

ポジティブに考えられない

人の目が気になる

浮気されてないか不安

気を遣い過ぎて疲れる

SNS映え狙いで行動しちゃう

恋心がさめる

小さなウソでごまかす

人の意見に流されちゃう

すぐ好きになっちゃう

つい飲み過ぎちゃう

おっぱいとかおしりばかり見ちゃう

幸せなはずなのにネガティブ

ちやほやされたい

SNSばかり見ちゃう

いつまでも未練が残ってる

雨の日はなんにもしたくなくなる

素直に謝れない

つい知ったかぶっちゃう

ときどき死にたくなっちゃう

マウンティングがやめられない

体力がなくなった

ダメンズばかりと付き合っちゃう

死ぬのが怖い

シワが増えた

おっと、こんなにたくさんあって驚きましたか？
でも、「自分の悩みが入っていて、ちょっと安心した」という方も多いのではないでしょうか。

私は、人生って大きくふたつのことに分けられると思います。
ひとつ目は、「がんばればなんとかなること」。
短期間のダイエットや直前の試験勉強など、つらいけれど努力でなんとかできますよね。

そしてふたつ目は、「がんばってもしょうがないこと」です！

たとえば、そこのあなた！
「この職場では1日中計算ドリルを解くのが仕事なんです」と言われたらどんな気持ちになりますか？

え？　それなら死んだほうがマシ⁇

それはさすがに言い過ぎでしょう！

ただ、そのように「死んだほうがマシ！」と思うのはしょうがないのです！　だって、人間だもの。**「それは嫌だ！」と思うことが生物として遺伝子に組み込まれてしまっているからです。**

それでも「仕事なんだから」と、嫌な気持ちを抑えて〝計算ドリルでも好きになろう〟とがんばりますか？

そういう方は自分を〝無理に変えよう〟としてストレスを溜《た》めているにちがいありません。

その手のストレスは、私から見れば、蚊に刺された右肘を右手で掻《か》こうとして、イライラしているのと一緒です。

当然のことながら、手首と肘との間には関節がないので曲がりません。だから、右肘を右手で掻こうとしても無理です。

できないのは、人体工学的にしょうがないのです！

右肘を右手で掻こうなんて努力は、じつにくだらないですよね。右肘が痒《かゆ》ければ左手で掻けばいいのです。

あなたが「こうありたいと思う理想の自分」も、努力したってしょうがないことではありませんか？

その時間があるなら、ほかのことに使ったほうがよっぽどよいと思いませんか？

「理想でない」と悩めばもやもやするものですが、その悩みを解消するために「理想を実現しよう」と必要以上にがんばり過ぎていませんか？

そのもやもやは、もっと簡単に解消できます。

たとえば〝空を自由に飛びたい〟という理想はファンタジーの世界として保ったまま、まずは現実を認めるのです。あなたが不格好でも、性格が悪くても、欲求に歯止めがかからなくても、そして空を自由に飛べなくとも、あなたのせいではありません。**なぜなら、遺伝子の指令が強力だからです！**

確かに鳥は自由に空を飛べます。それは遺伝子が鳥に翼を与えたからです。しかし、鳥が人間と同じように思考することはできません。人を思いやることもできません。人間と同じだけの能力を持った脳がないからです。

これは人間界でも同様です。

あなたには「あなたの遺伝子」が、他人には「その人の遺伝子」があります。**だから、他人にできることであなたにできないことがあるのは、当然です。同様に、あなたにはできるけど他人にはできないことも、必ずあるはずです。**

（ちなみに、右肘を右足で掻けるのは、私の自慢です！　飼い猫のマネをしながら練習しました）

それなのに、「同じ人間なのだから、きっとできるはずだ」とか、「努力を重ねれば誰でも絶対達成できる」などと言う人がいます。

計算ドリルが超得意な人が、みんなに向かって「僕ができるくらいだから、自分を信じつづけて練習さえすれば1日中だって計算ドリルができるよ」などという種類の発言も横行しています。

私は「やめてくれ！」と強く思います。

遺伝子の影響力を知らないからそう言えるのです。遺伝子がもたらす個人差の現実について、もっと認識すべきです。

2021年現在、陸上の走り高跳びの世界記録は2メートル45センチです。キューバの選手が達成しました。見上げた部屋の天井よりも高いバーを生身で跳び越えるのは、とても人間業ではないと私は思います。

だから、もし私が「努力を重ねればあなたでも世界記録を達成できる」と言われても信用しません。世界記録を達成できるアスリートは、それなりに「天賦の才能」に恵まれていたにちがいないからです。

それに、才能だけでは世界記録を達成できません。不断の努力も必要なことを私たちは知っています。世界記録を達成したアスリートが、代わりに何かを諦めて努力を続けてきたこともまた事実でしょう。アスリートの努力は美談になりますが、多くの人は同じように世界記録に挑戦しようとは思わないのです。

飛び抜けた記憶力を持つサヴァン症候群とされたキム・ピークは、図書館の本を数千冊丸暗記していた天才でしたが、服を着るなどの日常の行動がままならず、父親の介助を受けていました。

一見、優秀な記憶力の部分を日常生活に少し振り向ければよさそうですが、そうはいきませんでした。彼は生まれながらに「脳梁《のうりょう》」という部分の神経回路が欠損していて、脳の機能に大きな偏りを起こしていたのです。

彼は日常生活を送れるように努力することをやめ、「あなたが生まれた日には○○が起きましたよ」と、新聞記事の丸暗記能力を披露して人気者になり、メディアにたびたび取り上げられました。

何かができることも、できないことも個性なのです。できないことが不都合ならば、必ずしもできるようにするのではなく、別の対処法を考えたほうがよいことも多いのです。

世界記録を達成したアスリートも、サヴァン症候群のキム・ピークも、がんばってもしょうがないことは諦め、個性を発揮したということです。

〝個性に従って素直に生きた〟と言ってもいいでしょう。この「個性」は遺伝子の指令によって作り出されています。そして、その個性が個々の人間の出発点なのです。

さらに興味深い話をご紹介しましょう。

前世紀までは、体格や身体的能力などの「外面」は遺伝子に依存しているが、計算能力や性格などの「内面」は遺伝子とは無関係とされてきました。

そのため、教育によっていかようにも作り変えられると信じられてきたのです。

しかし！　最近の生物学の研究により、それらは「誤り」と判明しました。

つまり、人間の数学や音楽などの諸能力や性格には、遺伝子が大きく影響しており、作り変えるには大きな努力が必要だということがわかったのです！……驚きました。

確かに「努力を重ねなさい」というのは、有効な助言です。

ただ、多くのみなさんがうすうす気づいているように、人間の努力の総量のほうにも生物学的な限界があります。努力を続けている人は、その才能や個性が興味ある対象とピッタリ合致したので、限られた努力をそれに向けつづけているのです。

あなたとその人は違う人。

ですから、その限りある努力を、あなたが真に必要とするところへと向けるのが賢明でしょう。

幸福な人生を送るために、まずやるべきこと。

それは、**ひとりの人間として、どれをがんばるべきで、どれを諦めるべきかを見極めること**だと、私は考えます。

こんな大事なことがほとんど語られておらず、「がんばれ」「努力しろ」「自分を信じるんだ」という掛け声ばかりが巷《ちまた》にあふれています。そしてできないことは、「努力が足りない」「信念に欠けている」などと、その人のせいにされてしまっています。

なんと息苦しい世の中ではありませんか！

そこで本書では、生物学的にがんばってもしょうがない、代表的な51項目をご紹介していきます。

諦めるために使ってもよし！　逆に、あなたにとってその項目が難なくできることなら、それは間違いなくあなたの武器であり、個性になりえます。

「がんばってもしょうがないこと」と「がんばればどうにかなること」の分岐点で迷わないよう、本書はあなたの人生の地図となるはずです！

それでは本編、スタート！

第2章 ダラダラしたいの、しょうがない！

第3章 気にしちゃうの、しょうがない！

第4章 欲望がわくのは、しょうがない！

第6章 生きるのつらいの、しょうがない！

ブックデザイン　吉田考宏
装画・本文イラスト　畠山モグ
編集協力　株式会社ぷれす
DTP　朝日メディアインターナショナル
著者エージェント　アップルシード・エージェンシー
編集　岸田健児、尾澤佑紀（サンマーク出版）

第1章

人間だから、しょうがない！

人前で話すの苦手なの、しょうがない！

みなさんは「人前で話したい」と思いますか？

「人前で率先して話したい」と思う人はごく少数ですよね。

「人前で話したくない」と思うのには、生物学上の原因があります。**オオカミなどの「捕食者がいるかもしれない」と感じてしまうからなのです。**

私は、大学で100人以上が入る大教室で「生物学」や「脳科学」を講じています。その授業中に学生に向かって「質問はないかな」と聞いても、誰も手を挙げません。「しょうがないなぁ」とつぶやきながら、近くに座っている学生を指して「質問は？」と問うと、とても嫌がられます。そうした学生は決まって、次の週、後ろの目立たないところに席替えしています。

一方、高校に出前授業に行くと全然違います。はじめて会う私に向かって、多くの生徒が次々に質問してきます。私も「手ごたえあるなぁ！」と、ついつい授業に熱が入ってしまいます。

ところが、疑問もわきます。なぜ高校ではガンガン質問していた生徒たちが大学に行くと黙ってしまうのか、です。

この疑問に答えを出すのが、生物学です。言ってみれば、高校の教室はシカたちの和気あいあいとした集まり、大学の教室は**シカたちの背後にオオカミが潜んでいるかもしれない危険な場所**なのです。

私たち人間は、食うか食われるかの過酷な競争を勝ち抜いた霊長類[*1]から進化してきました。もっとも近い類縁動物はチンパンジーやボノボです。

多くの動物は一頭では弱い存在です。オオカミのような捕食動物に囲まれてしまったら万事休すです。だから、シカのように群れを作ります。仲間で群れていれば安心なのです。というのも、誰かがオオカミをいち早く見つけ、群れ全体で走り出せば、オオカミの作戦を無力化できるからです。最悪でも誰か一頭が犠牲になれば、残りは逃げきれるのです。

高校の場合、周りにいるのはよく知っている仲間ばかり。それに対して大学の教室では、知らない学生が何人もいます。そんな教室で質問をしたら、見知らぬ人の視線をいっせいに浴びてしまいます。潜んでいるオオカミたちに自分だけがにらまれた感じがするのです。

私たちは、実際のところオオカミは潜んでいないと確信してはいますが、見知らぬ人に攻撃されるという警戒心は、なかなかぬぐえません。私たちは、それくらい警戒心が強いがゆえに生き残ってきた個体の子孫なのです。

だから、あなたが人前で話すのが苦手なのは、生物学的にしょうがないのです。

でも、人前で話すのを苦手としない人もいますよね。**それは、見知らぬ人への警戒心がそもそも弱い人と、人前で話すのに慣れた人です。**

前者は生物学的な突然変異[*2]であり、自然界では捕食者に真っ先に食われて生き残れません。ところが、人間社会ではそうした危険はなくなってきたので、少数ですが生き残っているのです。そうした人は、今や「うらやましい存在」とも言えます。

人前で話すのに慣れるには、経験が必要です。私自身も、25年以上にわたる教

＊1 動物分類では「霊長目」というヒトを含む高度なサルの仲間たち。
＊2 人間を作る遺伝情報が子孫へ伝達されるときにたまたま生じたコピーミス。進化の原動力でもあります。

員生活の中で慣れました。
また話す内容に自信をつけるのも大事です。私の場合も「生物学や心理学の話をしろ」と言われれば、なんてことないのですが、社長さんたちの前で「企業経営の話をしろ」と言われれば、縮みあがってしまいます。

私の聞いた範囲では、早期に慣れるのには演劇の訓練をするのがいいですね。端役で構いませんから舞台公演を重ねると、だんだんと慣れてくるようです。小学校の学芸会はその意味で、重要なイベントになっています。

学芸会であがらないために「客席の人々をカボチャだと思え」という助言があります。確かに、目の前にカボチャ畑が広がっているところで公演するのならば、あがらないですね。でも、現実に見知らぬ人々がじっとこちらを見つめる様子を目の当たりにして「カボチャだ」とは、とても思えません。現実の訓練は大変です。演劇で克服するというのも、比較的時間のある学生ならともかく、社会人は現実には実行しにくいでしょう。

人間はこうした意味で動物なのです。悲しいかな、人前で話すのは警戒心が先行して難しいのです。

諦めなさい
見知らぬ人は捕食者だと
思ってしまうのだから

2 不安になっちゃうの、しょうがない！

不安というのは、小さな恐怖が慢性的に積み重なって解消されない状態です。恐怖というのは、生存が脅かされる危険な状態を避ける心の働きです。敵が襲ってきたら、戦う、逃げる、隠れるなどの対処をします。戦って勝てれば高揚感になり、逃げきれれば安心感になります。ところが、隠れるという対処がくせ者なのです。

危険に対して隠れる対処をした場合、隠れていると危険が去ったかどうかがよく認識できません。隠れていても敵に見つかってしまったら、戦うか逃げるかの対処を再度しなければならないので、警戒感が持続してしまいます。危険が去らない状態でコルチゾール[*3]が分泌され続け、健康に悪影響を与えるのです。

不安には、発端となる恐怖の対象があります。

たとえば、嫌な上司からたびたび小言を言われているとします。言われるたびに下を向いてやり過ごしていると、警戒感が持続してしまいます。「今日もまた言われるかな」と思うからです。家に帰っても、職場のことを思い出したり、明日の上司との会話を想像したりして、また不安が高まります。

考えてみれば、今の社会は死と隣合わせではありません。**自然界と違って、「誤った行動をとるとすぐに死んでしまう」と警戒する必要はないのです。**だから、上司に言いかえしてみたり、「また言ってら」と軽くあしらってみたりすれば、大した問題でないと処理できそうです。

ところがどっこい、人間はなかなか動物的な反射から抜け出せません。死ぬほ

＊3 恐怖に伴って分泌されるホルモンで、恐怖が去ると分泌が低下します。不安状態では分泌が継続してさまざまな細胞を破壊。ストレスが健康に悪いとされる主要因です。

どの大問題ではないと頭ではわかっていても、警戒心が膨らんでしまうのです。これじつは、**死にそうな恐怖が減ってしまったがために不安が膨らむ**という、皮肉な関係なんです。

たとえば、大災害が起きてそれを生き延びれば、危険を脱したと認識できて不安が去ります。「上司の小言なんか大したことないや」とも思えてきます。つまり、**安全な文明社会では、「恐怖がやってきてそれを解消する」という自然界でふつうに起きていた循環がなくなったがために、不安が高じるのです。**私たちは、ごく小さな危険を過大視して、恐怖を慢性化させているのです。

文明社会で不安が高じるのは仕方がないので、少しでもうまく解消する手立てを講じましょう。最大の方策は運動です。恐怖への対処である「戦う」と「逃げる」はともに運動なので、動物は恐怖を感じたとき爪を立てる、お尻を持ち上げるなど運動の準備をします。にもかかわらず「隠れる」は運動をしない状態なので、身体《からだ》に悪いのです。実際に運動をしてしまえば、恐怖が去ったと勘違いして身体が平静状態に戻れます。

お化け屋敷やジェットコースターで本当に恐怖を感じてみるのもいいですよ。恐怖に対処できれば高揚感になるからです。

諦めなさい 死にそうな恐怖が減ってしまったのだから

3 おいしいもの食べて太っちゃうの、しょうがない！

自分の好物を食べるのを拒否する人は、ほとんどいないでしょう。

動物はみな、遺伝子の指令によって、子孫繁栄につながる行為をするように促されています。危険なところに近づけば、恐怖が発動されてそこから遠ざかるようになっていると同時に、生き延びるのに有効な行為をすれば楽しくなるものです。だから、私たちもみんなでわいわい食べる会食が好きなのです。

おいしいものを食べることは生き延びるのに有効な行為なので、生物学的に奨励されています。私たちが、食べておいしいと思う糖分、塩分、油脂、ミネラルは、健康に欠かせない栄養素です。また、こんがり焼けた柔らかい肉は、消化のよいタンパク質なので、ごちそうの代表格です。

ところが、欲望にまかせて食べつづけていると太り過ぎてしまいます。メタボ[*4]になって健康に悪いと言われても欲望に歯止めがかからないのです。その原因は、**人類の歴史上、食料が豊富にある状態があまりなかったので「歯止め」が進化しなかった**ことにあります。

私たちの祖先は、約３００万年前から数万年前までの長い間、アフリカの草原で狩猟採集の暮らしをしていました。その生活では、十分な食料を確保するのが難しかったのです。時には、食べ物が見つからずに、何日も食べずにいることも少なくなかったでしょう。

まれにマンモスなどの大型動物がとれたときは、大変です。今度はいつとれるかわからないので、懸命に食べないといけません。肉を保存する方法などは知ら

＊4　じつは太り過ぎよりやせ過ぎのほうが健康に悪いのです。拒食症は死に至る病です。

れていなかったので、ひたすら食べて皮下脂肪として栄養を蓄える必要がありました。しっかり栄養を蓄えれば、しばらく飢えに苦しむことはありません。**遺伝子の指令によって、そうした状態になると幸福感が高まるのです。**

こうして私たちには、おいしい食べ物には目がない行動が築かれました。鳥であれば、食べ過ぎると飛べなくなるので、食べ過ぎないようにする行動が進化しているのですが、人類はそのように進化していません。ある時期のある地域に限っては、食べ物が豊富になったかもしれませんが、[*5]すぐに人口が増えてその人口をまかなう食べ物が不足したでしょう。人類に飢饉《ききん》はつきものだったのです。

つまり、今日の先進国の状態はきわめて例外的なので、太り過ぎを防ぐのは難しいのです。周りにたくさんのおいしい食べ物が安価で存在し、さらに広告や看板で「おいしいぞ、もっと食べろ、食べたら幸せになるぞ」とＰＲされています。

だから、人間が太り過ぎるのは、**個人が悪いのではなく、太り過ぎるようにできている社会に原因がある**のです。それでも太りたくないならば、食べ物が手に入りにくい山奥に住むことですね。

諦めなさい
「今すぐ食べなきゃ!」と
思ってしまうんだから

＊5 現在でも地球規模で考えれば、増大する人口に食糧確保が追いつかない状態。

4 勉強嫌いなの、しょうがない!

あなたが勉強嫌いなら、勉強が嫌なのはあたり前と思っているでしょう。じつは、**生物学的な原則からすると、勉強は好きにならないとおかしいのです。**

前に述べたように、動物は生き延びるのに有効な行為をすれば楽しくなるように進化するものです。もし、生き延びるのに有効な行為が嫌いならば、その個体は子孫を残しにくいので、嫌いと指令する遺伝情報は失われてしまいます。

文明社会において勉強は、生き延びるのに有効であることは疑う余地のないことですね。法律や契約などの社会の仕組みは読み書きを通して学びますし、機械を設計したりビジネスを企画したりするうえでも、専門的知識を勉強しなければなりません。勉強をたくさんして社会に貢献すれば、給料が高くなるなど、有利な生活が送れます。それなのに、なぜ勉強嫌いな人が多いのでしょうか。

勉強が大切になったのは、わずか数千年前に文明が発展してきてからです。それ以前は文字すらなかったので、勉強をしようにもできなかったのです。話し言葉は自然と身につきます。槍《やり》や弓矢の作り方は学ぶ必要はあったでしょうが、それも見よう見まねで自然に覚えたでしょう。また弓矢にしても、全員が作れる必要はなかったので、誰か得意な人が作業を一手に引き受けたのでしょう。

文明が始まって以来、勉強が必要になってきましたが、みんなが勉強をするようになったのは、ここ100年か200年のこと。つまり、**人間の歴史上で勉強嫌いが極端に不利になったことがないので、勉強嫌いの遺伝情報が失われていないのです。**

むしろ、椅子に座って机で勉強するよりも、野山を駆け回っていたほうが狩猟の訓練になるし、人々と会話をしていたほうがチームワークの練習になるのです。

私たちが**「遊び」と思っていることのほとんどが、大人になってからの生活に役立つ基本トレーニングだった**のです。ライオンなどの動物の子どももよく遊びますが、それが狩りの練習であるのは明白です。

狩猟採集の時代も、農耕の時代も、将来うまく仕事を行うには、よく遊んでいたほうがよかったのです。それが、社会が複雑化して、科学技術が高度化してきた今日、市民の多くが「遊びよりも勉強が大事」というスローガンのもとで勉強を重ねて、知識集約型[*6]の仕事を目指さねばならなくなりました。そうでない仕事は人工知能を搭載した機械がこなす時代が到来しているのです。

しかし、勉強嫌いが無理やり勉強させられる社会は幸福な社会でしょうか。

私はそうは思いません。「勉強しないと仕事がない」と思うかもしれませんが、**そもそも人間がつらい仕事をしないですむように人間は機械を作ったのです。**機械が仕事してくれるならば、人間は遊んでいてもいいのではないでしょうか。

そんな勉強嫌いですむ社会ができればいいのになと、私は思います。

諦めなさい
まだ勉強好きに進化できていないんだから

＊6 既存の多くの知識を駆使しないと達成できない仕事。ＩＴシステムの開発など。

5 給料が出るとすぐ衝動買いしちゃうの、しょうがない！

お金って、すごーく便利なものだって知っていますか。お給料でもらった1万円札は、どの1万円の商品やサービスとも交換できます。交換するまでは、「何を買おうかな」といろいろ想像が膨らみます。

でも、衝動買いしちゃう人は、想像をめぐらすよりも現実の物を所有するほうが優先しています。買ってしまってから、「別の物を買ったほうがよかった」などと後悔するのです。

お金が登場したのは、文明が発祥してからです。それまでは交易で物々交換をしていました。人々は、それぞれの地域で豊富にとれる物を持ち寄り、ほかの地域の物と交換していました。交換のときは、自分の持っている物がそれより価値の高い物へと交換できたので、お互いに満足したのです。

お金が登場して、この交換関係が経済活動にランクアップしました。仕事＝労働で社会に貢献し、その証《あか》しとして給料＝お金をもらいます。それによって商品を買えば、その商品を生産した人にお金が回ります。その結果、社会での分業が進み、生産性が上がって経済成長するのです。

ところが、1万円札は単なる紙切れであり、その価値は「将来買い物ができる」という交換価値[＊7]です。将来を想像できれば、可能性が広がって楽しむこともできるのですが、人によっては現実が優先します。**単なる紙切れの1万円札ならば、流行の服や人気のアクセサリーに交換したほうが、価値が高くなった感じがするのです。**

＊7　お金の価値は、国の中央銀行が市場を通じて安定化させています。

動物の立場になって考えてみましょう。単なる紙切れを与えられて「これは将来、価値あるものと交換できますよ」と教えられても、しっかり理解はできないでしょう。紙切れよりも食べられる物を希望し、交換できるならすぐに食べ物が欲しいと思うでしょう。未来よりも現在が大事なのです。

人間も、こうした動物と五十歩百歩です。**紙切れのお金は早く交換して、現実の物で満足したくなる**のです。お金が文明の時代になってはじめて登場したのが、その主原因です。人間であっても、お金が持つ将来の交換価値を十分に理解するまでの進化ができていないのです。

衝動買いは、未来よりも現在を大事にする近視眼的な姿勢の表れなのですが、じつはそのほうが経済にとってはよいのです。「将来何を買おうかな」と考えていると、その間はお金を使わず、お金の流れが止まります。すると、人々の分業体制が滞るのです。

衝動買いで経済がよりよく回るので、社会としては「衝動買い＝奨励される行為」となります。だから、「別の物を買ったほうがよかった」と思ったら、またがんばってお金を稼ぎましょう。

諦めなさい
お金より現実の物のほうに
価値があると感じるのだから

6 イライラしちゃうの、しょうがない！

幼児はイライラするでしょうか？　お気に入りのおもちゃが壊れてしまったら、物を投げたり暴れたりしますね。思い通りにならない現実に直面して「だだをこねる」のですが、しばらくすると結構、けろっと元通りになります。

動物も概してこんな感じです。思い通りにならないと、力任せになんとかしようとします。ひと通りやってみて「どうにもならない」と悟ると、諦めて去っていきます。幼児と同様に、イライラとは無縁な感じがしますね。

大人がイライラしがちなのは、幼児の

ように物を投げたり暴れたりできないからなんです。

人間は「動物のように物事を暴力で解決するのはやめよう」と決めたから、子どものような「うっぷん晴らし」はできなくなりました。

しかし、ついこのあいだまで、紛争を解決する主要手段は暴力でした。[*8] **現代社会のルールでは「暴力なしよ」なのに、私たちの心の備えは「まず暴力をためしてみる」となっているのです。**これが、パワハラ横行の理由でもあります。

「暴力なしよ」を実践する私たちは、身体の態勢が暴力向きになってもそれを抑制します。それがイライラの原因です。脳活動が暴力向きに活発化しているのに、身体を動かしてはダメという悩ましい状態なのです。

＊8 いまだに世界各地では戦争が絶えませんが、暴力による死者は歴史的には減少していることがデータによって示されています（スティーブン・ピンカー『暴力の人類史』青土社）。

イライラを止めるには、活発化した脳を沈静化すればよいのです。**それには「ため息」が効果大です。**息を吐ききると、肺の空気がなくなり、脳への酸素供給が低下するので、活発化した脳細胞に栄養が行きにくくなります。酸素不足の危機を感じた脳が、沈静化に向かうのです。

ただ、部下が思い通りに仕事をしてくれないときのイライラ防止に「ため息」をつくと、これみよがしで嫌な印象を与えかねませんね。そんなときは、[*9]長く小さく息を吐くと、周りに知られずにイライラ防止ができます。

さて、現代では新しいタイプのイライラが登場してきました。「紛争解決は暴力ではなく理性で行え」と言われますが、この「理性」を発揮するのにイライラが伴うのです。

理性の発揮には、複雑な物事を論理的に、そしてシステマティックに考えないといけません。そのときに主に使われるのが、額のすぐ裏側にある脳部分「前頭前野[*10]」です。この部分は、人類において進化した「もっとも新しい脳」であり、いわば「進化中の脳」なのです。

つまり、現代社会は理性を重視するようになったものの、人間は理性を十分には発揮できないのです。「理性で論理的に考えようとしてもうまくいかない」「感情を理性で抑えようとしてもうまくいかない」などと、イライラが高じます。思ったようにならない生物学的な理由があるので、しょうがないのです。

にもかかわらず、現代社会では教育によって理性を育てようとしています。若者が勉強嫌いになるのもうなずけます。なにせ、前頭前野は「もっとも新しい脳」であるがゆえに、子ども時代のそれは完成からほど遠いのです。私たちはみな、そして若者はとくに、勉強しようとすればするほど、思い通りにならない自分にイ

＊9　ヨガの瞑想《めいそう》や仏教の坐禅《ざぜん》で知られている「心を落ち着かせる方法」でもあります。

＊10　胎児の初期に魚のような体形のときがあると聞いたことがある方もいるでしょう。胎児は、生物進化の過程をたどって成長します。だから、新しい脳はもっとも後になって発達するのです。

ライラするのは仕方のないことです。でも、勉強すると理性が充実していくのも事実です。

この際だから、イライラを楽しんじゃいましょう。イライラするのは、前頭前野に刺激が加わっているということです。理性が発達しているんですから、いいことなんです。新しい趣味や仕事を始めると、思い通りにいかずイライラしますよね。それでも、やがて慣れてうまくこなせるようになります。イライラの先には楽しいことが待っているのです。

「だったら最初からイライラが楽しければよかったのに」と思いませんか。**じつは、古い脳が理性を使うのを妨害するからイライラするのです。**理性はじっくり考える状態を作るので、身体が無防備になりやすく、警戒すべき状況をもたらします。そこで、過酷な自然環境で進化してきた古い脳は、考える作業は適当に切り上げようと、嫌なイライラを発動するのです。

もはや、危険な状況はほとんどなくなったので、イライラはいいことにしちゃいましょう。

諦めなさい
感情を理性で抑えられないんだから

7 嫉妬《しっと》しちゃうの、しょうがない！

嫉妬がよく見られるのは、弟や妹が生まれた上の子です。母親の愛情や食べ物の分け前が減ると、自分の存在をアピールし始めます。時には甘えを見せたり「幼児返り」を起こしたりします。母親もそれに気づき、上の子の甘えに付き合ってあげたりします。

嫉妬をする目的は、自分に来るはずの資源がほかの人へ行ってしまった状態を回復することです。家族などの血縁関係ならば、たがいに助け合って食料などを共有することも多いので、分け前に不満を抱いて嫉妬する効果は大きいです。嫉妬に気づいた人が、再配分してくれます。

動物にも嫉妬に似た行動が見られますが、基本それらは資源をめぐる戦いです。

人間のように嫉妬をアピールして、再配分を促す行為はありません。

人間に嫉妬が生まれたのは、嫉妬が有効に働く生活を送っていたからです。約300万年前から数万年前まで続いた狩猟採集時代の人類は、100[*11]人程度の小集団で協力活動をしていました。集団のメンバーは一蓮托生《いちれんたくしょう》の仲間であり、狩猟も採集もメンバー同士が集まって協力して進めていました。大型動物がとれれば、みんなで公平に分けていたのです。

狩猟採集時代の人類は、こうして公平感や平等感を培《つちか》いました。嫉妬はその裏返しなのです。嫉妬をアピールすれば「あ、公平ではなかったかな」と配分の是正が生じるのです。つまり、嫉妬に効果があるのは、協力集団の仲間に対してなのです。

ところが、文明社会になって、一蓮托生の協力集団は失われてきました。よく

＊11 アフリカの草原環境では周囲に十分な食料がなく、一か所に多くの人々は生活できませんでした。人類学者のロビン・ダンバーは最大で150人だったと見積もっています（『友達の数は何人？』インターシフト）。

も悪くも個人主義の社会になったのです。だから、自分がもらうはずの賞金を誰かが獲得してしまっても、くやしいけれど「後のまつり」です。

ただ、自分と一緒に活動して、たがいに助け合い、教え合ってきた仲間が賞金を獲得した場合は違います。賞金を獲得した人は、その仲間たちと賞金を分け合ったり、賞金をもとに「これまでの支援に感謝する会」を開いたりする必要があるのです。それをしないで「ひとり占め」をしたならば、嫉妬によって圧力をかけることには意義があります。またそれは、道徳的にも妥当な行為です。

ところが今日では、仲間ではない誰かが「一発当てた」といった成功談がSNSなどを通じてわかる時代です。ふだんからその人のSNSを見て「いいね」などと応援をしていると、仲間意識が生まれますが、**自分だけの勝手な仲間意識です。**そして、その人が成功したとなると、嫉妬が生まれてしまうのです。

こうした嫉妬は、勘違いです。仲間ではないので、再配分は行われません。文明の時代には、嫉妬の意義がある場面はなくなりつつあるのです。

諦めなさい
あなたが勝手に
仲間意識を持ってしまっているのだから

8 夜孤独なの、しょうがない！

前項で述べたように、私たちの祖先は100人くらいの小集団で、一生共同生活をしていました。

もちろん夜も一緒に眠っていたにちがいありません。暗闇に乗じて猛獣が襲ってきたら、みんなで一致団結、戦って追い払ったのでしょう。

共同生活には、息苦しい面もあったのかもしれません。集団の掟《おきて》を守らなければならないし、集団の中で期待される役割を果たす必要もあります。**文明社会では、そういった集団のしがらみが嫌われたようで、個人で生活する傾向が強くなりました。**

猛獣が襲ってくることもなくなったので、夜ひとりで眠っていても問題がなくなったのも、個人化傾向が強まった理由でしょう。

しかし、心の働き方は、文明社会の個人化に順応できていません。依然として夜は危険であると感じるのです。[12] 猛獣がいないはずの暗闇に恐怖を感じると、そこに幽霊がいるなどの幻想を抱く人もいます。**幽霊は「見知らぬ敵」であり、現代における危険な存在の象徴**です。

こうして、仲間が一緒にいない夜は、孤独を感じやすく、とくに寂しく思うものなのです。

[12] じつはヒトを含めた霊長類の共通の祖先は夜行性だったことが知られています。そのために人類の色感知能力は鳥類などと比べて弱いのです。

孤独をやわらげる方策には、幽霊の幻想の代わりに、芸能人の幻想が役立ちます。好きな芸能人のポスターを貼って、夜一緒に寝ているところを想像するのです。すると、孤独感も解消できていきます。

しかし、この想像があまりに強くなると問題です。当の芸能人が結婚するという段になると、自分のパートナーが奪われる気がして、嫉妬を感じたりストーカー行為に及んだりしてしまうのです。適度に想像して、孤独感を防止しましょう。

ただ、夜はよしとしても昼も孤独なのは望ましくありません。私たちの心の働きの多くは、和気あいあいとした協力集団向きになっています。これも狩猟採集時代の名残です。1日中人との交流がなければ、心の疾患を抱えやすくなります。

夜孤独なのはしょうがないとしても、昼の活動は仲間と一緒にわいわい楽しくしたいものです。

夜は危険だと感じてしまうのだから
諦めなさい

生物学的に、しょうがなくない！
適度な想像力が助けになる

動物の中で人類だけが、文明社会を築いて地球を制覇しています。それを成し遂げられたのはなぜでしょう。人間のどんな能力が霊長類の中で人類だけをこのような特別な存在にしたのでしょう。

その代表的な能力のひとつが「想像力」です。**動物の中で唯一人間だけが、過去を想起したり未来を予想したりと、見えない現実を想像できるのです。**

この能力が科学技術の発展に貢献しました。なぜなら、過去の経験からパターンを抽出して知識にし、未来を予測することができたからです。この知識を蓄積することで、私たちの生活は飛躍的に向上したのです。

「人間だから、しょうがない！」という点も、想像によって少しは解消できる面があります。

本章で述べてきたように、「観客をカボチャと想像できればあがり防止になる」「成績が上がって社会で成功した将来を想像できれば勉強に力が入る」など、です。

ところが反対に、想像が過ぎるのも問題です。

芸能人が自分の恋人と思い込み、ストーカー行為に至るとか、暗闇に幽霊を見てしまうなどの問題を本章で指摘しました。

また、病気[*13]になると「死んでしまう」と想像して、必要以上に悲観的になったりもします。

私たちの感情や欲求は、なかなか理性でコントロールできません。しかし、理性で適度な想像をするのは、比較的やさしいのです。

そして幸いなことに、その想像を介して、感情や欲求がある程度調節できるようになっています。

＊13　チンパンジーは、人間の類縁種ですが想像力は限られており、死にそうな病気にかかっても平然としていられる事実を、研究者が指摘しています（松沢哲郎『想像するちから』岩波書店）。

生物学的にしょうがないことは多々ありますが、**どうしても問題なところは、適度な想像をして対処を試みてみましょう。**生物学的に身につけた想像力が、生物学的にしょうがないことを「しょうがなくないこと」にしてくれる道をも準備してくれているのです。

第2章

ダラダラしたいの、しょうがない！

片づけられない、捨てられないの、しょうがない！

あなたの家の押し入れは、もう何年も使っていない物でいっぱいになっていませんか。どこに何があるかわからない状態で、「確かあったはずなんだけど、見つからないからまた買ってしまった」という経験も少なくないでしょう。

狩猟採集の生活を送っていた人類は、物をあまり持っていませんでした。なにせ獲物を追って移動しながらの生活ですから、せいぜい身につけられる程度の物しか持てなかったのです。だから、片づけるという習慣もなければ、その概念さえなかったにちがいありません。

ところが、文明の時代になって私たちは家を建てて定住し、物を所有するようになったのです。季節に応じた服や装飾品、食事を作るための道具、家具や調度品、雑貨、レジャー用品、電器製品、文房具など、数百個から数千個の物で家の中はあふれかえっています。それらの物を整理整頓できていない人がほとんどでしょう。

物が片づけられないのは、**第一に、太古の時代から片づけるという作業をしてこなかったので、それに伴う能力が生物学的に進化していないからです。**だから、一生懸命に訓練して身につけないといけません。物を使用する場面や頻度に応じて、それぞれをしまう場所を適切に決めて、使用するときには探し出せるように管理しなければなりません。使用後には、決めた場所に戻すことも重要です。よく考えると、この作業には高度な能力が必要であることがわかります。

あなたが片づけられないのは、ごく当然の傾向なのです。

さらに第二の理由があります。**私たちは物を多く所有したがるので、スペースを超えた量の物が家にあるのです。**状況に応じて最適な道具を使うと便利ですし、今流行の雑貨が家にあると生活が充実してくるでしょう。

すると、どんどん物が増えます。もうやらなくなった趣味の道具や、流行の去った雑貨が「まだ使えるし、いつかまた使うかも」と整理できないまま放置されるのです。

仮に使おうと思っても見つからない所有物は、ないも同然です。片づけの妨げになるので、捨てたほうがいいでしょう。ところが、捨てると財産を失う気がして捨てられないのです。[*1]すでに価値がなくなっているのに、愛着だけが残り、所有にこだわるのです。

あなたが物を捨てられないのも、ごくあたり前です。現に少しなら物を所有していたほうが、生活に有利ですよね。でも片づけられなくなるのは、物の持ち過ぎなのです。さあ、メルカリで売り払っちゃいましょう。気分が楽になりますよ。

物に執着するのも人間なのだから 諦めなさい

＊— このような無価値の所有物はサンクコスト（埋没費用）といいます。価値の下がった株はサンクコストなのに、投資初心者はそれを売れずに持ちつづけてしまいます。

2
気が散って集中できないの、しょうがない！

仕事に「集中できない」となげく人も、好きなゲームには没頭しているものです。つまり、**「集中できない」のは、「集中すべきもの」のほかに「集中したいもの」があり、そちらに気持ちが奪われて、注意散漫になっているからなのです。**

「集中したいもの」があるのは、いいことなんです。人生の喜びです。これを否定してはいけません。

だから、「集中すべきもの」のほうを考えましょう。**集中すべきなのに集中できないのだとしたら、ほと**

んど社会の側の責任です。

狩猟採集時代を思い起こしましょう。

何時間も草原を歩いて、獲物を追いつめ「いざ狙い打ちだ」というときに、あるいは、食べられそうな木の実が見つかったときに、作業に集中できないという人はおそらくいないでしょう。

このような意義が「集中すべき仕事」に感じられなければ、集中できないのが、いや、集中しないのが当然です。それを「集中力に欠けている」とか「注意散漫だ」などと言う上司がいたら、その上司がリーダーシップに欠けているのです。ダメ出しよりも、仕事の意義や重要さを部下にもっと語らねばなりません。

考えてもみてください。機械でもできそうな単調な仕事を1日中時間通りに続けたならば、何かほかのことを考えて注意がおろそかになりますよね。「集中力に欠ける」のはあたり前のことです。

また、注意散漫は否定的にとらえられがちですが、そうでもないのです。おいしそうな木の実が見つかりみんなで集めているときに、茂みに猛獣が潜んでいるのが見えたらどうしますか。木の実を放り出して一目散に逃げますよね。もし採集に集中している人がいれば、真っ先に餌食になってしまいます。

つまり、**注意散漫は、もっと大事なことに気づいたときに、そちらに思考を切り替えるための自然な仕組みなのです。**あなたが、仕事中にゲームのボスを倒す作戦を思いついて仕事がおろそかになるのは、生き残り戦略の一端なのです。

でも、さすがに仕事中にゲームのことを考えていてはいけないですよね。状況をわきまえて何を考えるべきか選択すること、たとえば、仕事中にゲームの様子が心にわき上がってきたら無視することが、文明社会では要求されます。

ところが、心にわき上がってくるものの重要度を判断して、それほどではないものを「無視する」ことには[*2]高度な認知能力が必要なのです。文明社会では、私たちが得意でないことをやらされているのです。

だからこそ、もっと仕事の大切さが理解でき、生き生きと仕事ができる社会になってほしいものです。

諦めなさい
やるべき仕事が大切に思えないのだから

＊2 注意欠陥障害（ADD）では、この能力がとぼしく生活に支障が生じることが多いものです。

3 約束を忘れたり、時間に遅れたりするの、しょうがない！

忘れるのは悪いことでしょうか。実際のところ、そうでもありません。

私は仕事柄、各地の大学や研究所によく出張します。そのときは数日間ホテル住まいです。同じホテルに滞在することもよくありますが、数年前に泊まったことが「うろ覚え」になっているのは、結構便利です。


考えてみてください。数年前に泊まったときのことを完全に覚えていたら、同じホテルに泊まるたびに異なる部屋になることに混乱します。私は仕事から帰るたびに「ちゃんと今回の部屋にたどり着けた」と、「うろ覚え」に感謝しています。

それに、近くの観光地を散歩してから「あ、また来てしまった」と過去を思い出しますが、何度も楽しめるのはいいことでもあるのです。忘れるのも大事なことです。

人間は忘れる動物です。 ほかの動物だってそうです。

何度も同じ体験をすればさすがに学習しますが、基本は忘れるものなのです。でも、約束を忘れるのは、悲しいかな、ダメですよね。

約束は、文明の時代になって人々が大幅に分業を始めたせいで、重要になりました。「あなたが何日後までにやってくれる作業の成果にもとづいて、私はその次の作業をするから準備しておくね」といったように約束がなされるのです。約束が守られなければ、次の担当者が困り、ひいては文明の分業体制が成り立たないのです。

それに対して私たちは、約束を守ることに慣れておらず、重要さの認識がいま

ひとつです。それに約束の内容がたびたび変われば、ますます覚えにくくなります。だから、約束を紙に書いて壁に貼っておいたり手に書いておいたりと、工夫してきたのです。今では、スマホにスケジューリングしておけばなんとかなるという人も増えてきました。

現代社会では約束を守るのは個人の責任とされがちですが、守りたくても守れない人も大勢いるのです。**約束を守りやすい状況作りや、約束が守られなくても大ごとにならない環境作りも大切です。**

私たちは、外に出かけようとすると、多くの作業を並行して素早くこなさなければなりません。服を選んで着替える、化粧をして身なりを整える、持って行く荷物を整理するなどです。そんなときに急な電話がかかってくる、訪問者が来る、子どもが騒ぐなど予期せぬ事態が起きたら、もう大変です。[*3] パニックになって外に出かけること自体を忘れかねません。

人間は一連の作業への割り込みが非常に不得手なのです。なぜなら、一連の作業に割り込みが起きると、作業を途中で止めて割り込みに対応するからです。その後、割り込みへの対処が終わったら、一連の作業に復帰しなければならないのですが、それを忘れてしまうのです。

コンピュータなら、作業途中の状態をそっくりメモリに記憶できるので大丈夫なのですが、人間の作業記憶は非常に貧弱です。[*4] 2桁同士の掛け算も紙に書かないとできないのが、その証拠です。

それでも、人間はほかの動物に比べればかなり優秀です。ほかの動物は割り込みが起きたら、そちらの作業にスイッチするだけで元の作業へは戻りません。戻れないのです。人間は、ある程度時間を要するものの元の作業へ戻れるので、その分は優秀なんですね。

＊3　ありそうもないと思われるかもしれませんが、前項で触れた注意欠陥障害の典型的な事例に相当します。
＊4　前頭前野にあるワーキングメモリという部分の容量の制約のため。

でも、そのわずかな優秀さに期待するのは間違いです。**現代社会では、仕事をいくつもかけ持ちしてテキパキとこなすことが理想とされてきましたが、それは人間の能力を過信した理想です。**

私たち自身にそんな過大な負荷をかけるのは、もうやめましょう。

最近では、約束した時間に遅れることは大目に見られるようになりましたね。幸いなことに、情報技術が支えになってきています。

SNSを使えば約束通りに会議が開催できなくとも、時間差でディスカッションできます。

メールを中心に作業していれば、急な割り込み作業の多くは後回しが簡単にできます。

テレワークが増えれば、外出に伴う作業も大幅に軽減できますね。

人間の本性が適切に理解できれば、人間に過大な負荷をかけないように先端技術を利用することができます。そうした配慮がきいた高度な文明社会になるのが理想ですね。

私たち自身は大きくは変われません。今のままでいいのです。

諦めなさい 人間は忘れる動物なんだから

4 同僚の意見に流されるの、しょうがない！

職場でプロジェクトの今後の方針を議論していると、どうも「声の大きい人」の意見が通ってしまう。異論もなくはないけれど「あの人に戦いを挑んでいる」と思われてもなんだし、自分の意見なんかどうせ採用されないし、今ここであえて言う必要はないからと、黙ってしまいます。

時には、「同僚の意見に流されている自分」が嫌になり、「自分は職場の一員にふさわしくない」と思ってしまうことも。……いえいえ、そういった行動も「職場のためを思って」のことなんです。

声の大きい人に従うのも、あえて議論を控えるのも、狩猟採集時代に起因した

行動です。 その頃の小集団は、団結力がものを言うチームでした。一致団結して作業にあたるからこそ、マンモスを狩るなどの大きな作業が達成できました。議論が対立して協力態勢にひびが入れば、集団の力を失ってしまいます。

つまり、先の職場の議論の目的は、一見「プロジェクトの今後の検討」に見えますが、もうひとつの隠れた目的「協力関係の維持」があるのです。

そのため私たちは、「プロジェクトの今後」がそれほど悲惨でない限りは、同僚の意見に同調して、波風を立てないようにします。**「対立しないことこそが職場を守ることになる」と無意識に判断しているのです。**

では、「プロジェクトの今後」を本心から議論するにはどうしたらよいのでしょうか。**それには、議論してたとえ対立しても「協力関係は崩れない」という状況を事前に作ることです。**

その状況を目指す日本企業は、伝統的にレクリエーションを通して、社員の密な関係を形成してきました。職場対抗運動会、社員の慰安旅行、忘年会や歓送迎会などの名目の大宴会です。あたかも狩猟採集時代の協力集団を演出するかのような方法です。

仮に社員がその社風を受け入れれば、協力関係の崩壊を怖《おそ》れることなく意見が言える状況になります。ところが現代では、このような密な関係の弊害のほうが目立ち、社員が受け入れなくなってきているのです。

それとは別に、意見が言える状況にする仕組みがあります。リーダー[*5]を決めておき、メンバーの議論の結果からリーダーが最終決定をする方法です。決定責任はリーダーにあり、意見を出したメンバーの責任は問われません。ただし、失敗したリーダーは、責任をとって即座に退任するのです。

「みんなで議論して、みんなで決めればいいね」という日本的采配は、意見が出にくくなって、じつは民主的ではないのかもしれません。そういった状況で「同僚の意見に流される行動」をとっても、本人の責任ではないですね。

諦めなさい 集団に同調すれば団結力が上がるんだから

＊5 アメリカで行われているビジネスの方法。よくアメリカから来日した人が「空気を読まずに意見をどんどん言う」と嫌がられるのは、この方法が日本で理解されないからです。

5 上司への報告が遅れちゃうの、しょうがない！

職場では「ほうれんそうが大事」と、よく言われています。これは「報告・連絡・相談」の頭の音をつなげたスローガンですが、おろそかになりやすいからこそ、スローガンにして浸透させているのです。

この筆頭にある「上司への報告」が遅れがちなのは、**そもそも報告したくないから**です。

仕事がうまくいっていないときに、それを報告するとネガティブな状況になりがちです。たとえば、それを知った上司が落胆して小言を言ったり、困惑して同僚にしわ寄せがいったりします。それでも「早めに報告するほうがいい」と思う人がいる一方、一般的な人間の感情としては、ネガティブな状況が何度も起きるより、まとめて1回起きたほうがしのぎやすいのです。それに、発覚するまではダラダラできますよね。

では反対に、仕事がうまくいっているときには報告がなされやすいかというと、これもそれほどではありません。

うまくいっていると報告すると、確かに上司はいったん喜びますが、すぐに次のもっと難しい仕事を割当ててきます。時には、うまくいっていない同僚の仕事のしわ寄せがきてしまいます。これでは、報告しないでしばらくどこかでダラダラと休んでいるのが賢明です。[*6]

このように報告したくない状況であるうえに、「報告書を出しなさい」と言われ

＊6 成果に応じて報酬が支払われていれば、この問題は避けられます。しかし、成果報酬制度の場合、適切な成果評価が難しいという別の問題が発生します。

ると、面倒でますます報告が滞ります。さらに報告書を書く間、それまでの作業が止まってしまいます。ただでさえ遅れている作業が、報告書を書くことでさらに遅れるという悪循環に陥ります。

この問題の解消にも、情報技術の応用が期待できます。**報告や連絡はもはや必要ありません。**それらは日々の作業の進捗がアプリで可視化されていて、チームメンバーが共有できる。昨今のデジタル化でそうなりつつあるのです。

やがて上司の役割は、「相談」のみが残るにちがいありません。それも、部下から上司に相談するのではなく、部下の状況を上司が理解できるため、上司から「何か相談はないかね」と御用聞きをする形です。アプリで部下の作業状況が把握できている上司であれば、すぐに問題の核心を把握できて、的確な助言ができることでしょう。

すなわち、上司への報告が遅れるのは、あなたのせいではありません。報告が必要でない仕組みが、あなたの職場でまだ整っていないからです。

諦めなさい
そもそも報告なんてしたくないのだから

6 部下が言うこと聞かないの、しょうがない！

「ちゃんと調査してからプレゼンするように言っただろう」……しっかり部下に釘《くぎ》を刺していたはずなのに、案の定、調査不足でプレゼン失敗。

指示に従えない部下に対して「指示に従うのは義務だから違反したら罰則だ」と威圧しても「のれんに腕押し」です。現代では、上意下達の命令一言で部下を操る方法は難しいでしょう。その方法は、**ビジネスを戦いになぞらえてきた旧来のやり方なのです。**

よく知られているように、チンパンジーは階層的な集団を作っています。オスもメスも最上位のボスから、第2位、第3位と続く序列は、日常的な力の誇示とケンカによって、決定し維持されています。一見チンパンジーも人類と同様の協力集団のように見えますが、上[*7]の個体の命令に下の個体が従う階層関係なのです。この暴力によって維持され、命令にもとづいて動く階層関係は、戦闘集団として力を発揮します。

一方、狩猟採集時代の人類は、戦闘集団とは無縁の協力集団を形成していました。それが文明の時代になって、人口が増えて集団が大きくなり、争いも増えてきたなかで、「和気あいあいとした協力集団は効率が悪い」と考えたのでしょう。そこで人間も、階層を積極的に作り、戦闘集団を形成するようになったのです。

人類の祖先が森で生活していた時代には、チンパンジーと同様の階層関係を築いていたときがあったのでしょう。だから私たちには、暴力によって人を従わせたり、やみくもに人に従ったりする心理が隠れています。

＊7　上位のチンパンジーは、自分が不利益をこうむってまでも下位個体を援助することは基本的にありません。

指示に従わせようとする思いの裏では、このような戦闘集団向けの意識が働いています。**野蛮なサルへの先祖返り**です。

現代社会では、こうした階層関係にもとづく戦闘集団から脱却して、民主的な組織を作ろうとしています。ビジネスの現場でも、指示に従うことに具体的な利益があるように工夫され始めています。

アメリカ流のビジネスの現場では、「コミットメント」という概念が使われています。コミットメントとは、文字通りは「約束・関与」の意味ですが、それを拡張して「主体的な参画」をも意味します。チームのメンバーであることにコミットした以上、上司の指示に従う責務がある、従いたくない場合はチームを去るという構図です。[*8]

あなたの職場はこんな仕組みになっているでしょうか。いずれにせよ今は工夫中の過渡期なので、言うことを聞かない部下も大目に見ることです。

諦めなさい もう戦闘集団ではないんだから

＊8 日本の企業では、チーム編成自体が上意下達なので、チームへの加入脱退の選択肢が個人側になく、このコミットメントは根付きにくいのです。

7 会社辞めたくても、辞められないの、しょうがない！

今の職場には、不平ばかり言って仕事もしない人ばかりだし、メンバーの成果を「自分の成果」にして上にアピールする上司がいる。同僚も諦め顔でやる気をなくしている。……ああ、いっそのこと、転職しようかなぁ。

でも「いざ転職」となると腰がひけます。転職先を探して、面接試験を受けて、これまで働いた実績をアピールして……と考えると、途方もない道のりに感じます。それに、転職が決まっても、「新しい同僚とうまくやっていけるかな」「今よりもっとひどい上司がいるかも」と思うと、実際に職場に行ってみるまで喜んではいられません。

「やっぱり、今のままでダラダラしているのがいいや！」となってしまうのです。
今の職場がダラダラできる幸せな職場なのかもしれません。

動物は衣食住が足りていれば現状維持になってしまい、やる気が出ません。

ましてや「転職」となると、たとえ「もっといい職場があるにちがいない」と思っていても、**「万一、もっと悪い職場を選んでしまったら……」と警戒心が先行するのです。**

想像してみてください。もしあなたが、棚からボタモチ的に「5万円もらった」ならば、かなりうれしいですよね。

では、別の機会に、うっかり「5万円失った」ならば、かなりのショックを受けますよね。前者と後者は同じ「5万円」なのですが、程度に差があると感じませんか。

多く[*9]の方々は、前者よりも後者の「5万円」のほうが大きいと感じます。**現状がそこそこ生きられる状態ならば、利得と損失を比較すると損失のほうが、問題が大きく感じられるのです。**損失には生き残れなくなるかもしれないという恐怖感が伴うからです。それに対して利得は、依然として生きられる状態のため「それほどでもない」となります。これも動物的な行動に相当します。

こうした原因で、転職はハードルが高いのです。今の職場に長くいればいるほど、人間関係の蓄積も大きくなっているので、それが一気にまたスタート地点に戻るという損失感も高まり、ハードルが一層高くなります。

冒険心があれば、損失以上の利得をあげようと、挑戦できます。しかし、多くの人は、現状維持を選んでしまいます。今の職場で楽しみを見つけられれば、それでいいのではないでしょうか。

諦めなさい
転職という冒険の損失感のほうが
大きいのだから

＊9 同じ5万円で差がないと感じる論理的な方は、トレーダー向きです。

8 雨の日に出かけたくないの、しょうがない！

出かけたくない理由には、職場で上司に小言を言われそうとか、学校で勉強が進んでいない数学のテストがあるとか、いろいろな理由がありそうです。しかし、ここでは天気について考えてみましょう。

私たちは空がどんより曇っていたり、雨が降っていたりする天気の悪い日には出かけたくなくなってしまう傾向があります。

これには、狩猟採集時代の生活習慣が影響しています。獲物の狩りや木の実集めをしていたころ、天気は重要でした。雨が降っていれば、そうした作業の効率がひどく悪くなるので、仕事はお休みです。洞窟でダラダラしているか、静かに槍《やり》の手入れをしているほうがいいのです。

そうした環境では、天気に左右されないで元気よく仕事に出かける人々の集団と、雨の日は静かにしている人々の集団で、どちらが生き残りやすいでしょうか。

当然、後者ですよね。**生き残った私たちは、「雨降りでふさぎ込む心理」を獲得した人々の末裔なのです。**

ところが、文明が始まって以来、それまでと異なる事態が発生しました。農業が現れ、田植えなどの雨の日に行うケースのある仕事が発生しました。工業が生まれると、天気に関係なく一定の速度で、工場内で決められた作業を延々と続ける仕事が登場しました。

もはや、天気を気にする必要がなくなったのです。時には、天気を気にするとデメリットにさえなります。**しかし、私たちの気分の遺伝子は、すぐには変わりません。依然として雨の日は憂鬱になるのです。**

ただ、遺伝子には突然変異が起きます。雨の日が憂鬱でなくとも生き残れる環境では、人々の気分の個人差が大きくなります。結果として、雨の日でもへっちゃらな人から、低気圧が近づいただけで気分がふさぐ人まで、多様性が生じるのです。

文明社会では仕事も多様なので、平均的な人とは異なる「雨大好き人間」が活躍できる場もあります。たとえば、タクシーの運転手です。雨の日はタクシーのニーズが非常に高まるので、意気揚々と仕事に出るほうが、利益が増大します。

このように、人と違うことが強みになる場合があるので、個性を伸ばすのは大事ですね。**それでも、無理して雨好きになる必要もないと、私は思います。**

諦めなさい 雨降りでふさぎ込んで生き残ったのだから

私たちの祖先は、自然環境で長い間生きてきたので、日に照らされた木々や草花がしげり清涼な水が流れる山里を好んでいたでしょう。そうした環境は現に生活がしやすかったので、好ましく思う気持ちが私たちにも残ったのです。美しい自然を楽しめ、旅でリフレッシュできるのは、そういう気持ちがあるからこそ。だから、今のままできっといいのです。

生物学的に、しょうがなくない！
社会性がうまく刺激される環境を探そう

人類が文明社会を築いて地球を制覇できた主要因は「想像力」であると、前に述べました。それに加え、もうひとつの主要因があります。「社会性」です。

動物の中で唯一人間だけが、他者を率先して助けようとします。そしてまた、「周りの人は自分を助けてくれる」と生まれながらに思うのです。長かった狩猟採集時代の協力生活は、この「社会性」を進化させました。

さらに社会性は、コミュニケーションを増大させ、言語の形成に強く寄与しました。なぜなら、周りの人が有益な情報を教えてくれると思えるから、みんながコミュニケーションをとろうとするためです。みんながたがいにライバル同士であれば、有益な情報は隠すことが多くなるので、コミュニケーションは増えず、言語は登場しなかったでしょう。

私たちの心は、社会性に強く動機づけられます。「他者のために」と思うとやる気が出るし、上司から感謝されれば会社への愛着がわきます。人と一緒ならば、つらい勉強やダイエットも続けていけるでしょう。自分ひとりでは運動が続けられないので、わざわざ友達を誘ってジョギングしているという人も多いでしょう。

生物学的にしょうがないことの一部は、自分の社会性をうまく刺激する環境を探し当てれば、改善が期待できます。友達がいれば協力を求めての環境作りもできますが、いなくとも環境を探せばよいのです。

たとえば、ジムに行くのがそれに該当します。ジムで運動がしやすいのは、みんなが運動しているので自分も運動が促されるという同調の現れです。また、そこに友達がいなくともインストラクターがいれば、運動させてくれます。

一方、社会性があるがゆえに人から悪影響を受ける問題もあります。ライバル意識で不要な物をたくさん買い込んだり、人から悪い遊びへと誘われたりもします。現代では、厚い友達関係を限定的に持っているよりも、[*10]薄い関係でも多様な選択肢を持っているほうが有利になっているのです。

自分に合った「社会性刺激環境」を多数確保しておけば、「しょうがないこと」をどうしても改善したいときに役立つでしょう。

*10 これは「弱い紐帯《ちゅうたい》の強さ」と呼ばれます。結びつきの強い身近な人間関係よりも、結びつきの弱い人間関係からのほうが、価値ある未知情報がもたらされやすい傾向があることを示しています。

第3章

気にしちゃうの、しょうがない！

後悔しちゃうの、しょうがない！

「今日のデート、やっぱり赤い服を着てくればよかった」「株価が急落。昨日のうちに売っておくんだった」「内定蹴った会社のほうに就職すべきだったかなぁ」などなど、生きていれば日々後悔は尽きないものです。

後悔は、過去の選択を気にする心理です。「よくない状態になったのは、自分の選択が失敗だったからだ」と思っての反省です。そうすれば、次に同じような状況に出会ったときによりうまく選択できるので、**「後悔する傾向」が遺伝子には組み込まれている**のです。

動物にも後悔に似た行動が見られます。ネズミが餌場に近づくと、五分五分の確率で電気が流れ、ネズミに電気ショックが加わる実験をします。ネズミは餌を食べたくて餌場に行きますが、ときどき電気ショックが加わるので、餌場に近づくのを躊躇《ちゅうちょ》するようになります。しかし、空腹になると近づいてしまい、そのときに運悪く電気ショックが加わると、「やってしまった」という行動を見せます。

人間の後悔は動物より複雑です。動物よりも過去の体験をたくさん覚えられるからです。祖先の時代、狩猟採集の失敗を後悔して、成功率が上がりました。[*1]後悔した結果、獲物の行動パターンや、木の実が熟する時期を習得でき、食べ物が豊富に手に入るようになったのです。**このように、後悔すると行動の成功率が上がるので、本来後悔はいいことなのです。**

いいことのはずなのに、なぜ後悔すると〝嫌な感じ〟がするのでしょうか。

*1　こうした体験の規則性を習得することから科学技術の発展がもたらされました。

それは、**嫌な感じのほうが過去の体験を覚えていられるから**です。前に「人間も動物も忘れやすいものだ」と述べました。ふだんはそうなのですが、恐怖や怒りなどで興奮しているときには、脳からノルアドレナリンという神経伝達物質が分泌され、[*2]その作用で記憶力が上がるのです。

というわけで、多少の嫌な感じはがまんして後悔したほうがよさそうです。ところが現代社会では、遺伝子の想定を超えた事態が発生しています。狩猟採集時代の単純な生活に比べて、飛躍的に複雑さが増しているのです。たとえば、転職して仕事の内容も人間関係も変わってしまったら、過去の職場体験が役に立たないですよね。

そのうえ、新しい技術や社会制度が確立されて、経験の種類ががらっと変わってしまうという事態もよくあります。そもそもパターン化できない事態にも直面します。たとえば、株価急落が見抜けなかったことを反省しても、次の急落を感知することはほとんどできません。

遺伝子としては後悔するけど、社会としては後悔してもしょうがないのです。もう、後悔を気にせずにやり過ごすしかありませんね。「それでもやり過ごせない」という方も、それすらしょうがないのです。

諦めなさい
将来の成功率を上げるためだったのだから

＊2 過去に災難にあった人が、その後も頻繁にその記憶がよみがえってパニックに陥る症状（PTSD）の原因でもあります。

2 周りの人の目が気になるの、しょうがない！

第1章の「人前で話すの苦手なの、しょうがない！」という項目では、敵を警戒する心理についてお話ししました。見知らぬ人の視線が問題となる現象です。ここでは友達などの身近な人の目が気になる現象について考えます。

最近、地域の空き巣防犯ポスターに、歌舞伎役者のような「にらみをきかせた顔」のイラストがよく描かれています。これは単なるイラストですが、防犯効果があることが知られています。人からにらまれているような感じを抱くだけで、人は社会のルールを守るようになるのです。

ある[*3]心理学の実験では、職場のドリンク販売コーナーに、草花の写真とにらんだ顔の目元の写真とを、週ごとに交互に10週間掲示しました。そこでは、ドリンクを持って行くとき、箱に自分でお金を入れる方式でした。週ごとに売り上げを集計すると、**草花の写真の週よりも、翌週のにらんだ顔写真の週のほうが、ドリンク当たりの売上高が10週間にわたって常に多かったのです。**

これは、お金を入れずにドリンクを持って行った人が、にらんだ顔写真の掲示によって大幅に減ったことを意味しています。

狩猟採集時代は協力集団で公平な分配が行われていたと、前に述べましたが、その時代でもズルは行われていたでしょう。採集した木の実を分配前に失敬する不届き者は、多かったにちがいありません。**そのとき、集団の掟《おきて》を守る仲間の目が防止の役目を果たしていたのです。**不届き者も、誰かに見つかれば糾弾されると知っているので、仲間の目が怖いのです。

現代では、社会のルールは法律によって明記され、違反者は警察などの公的な

＊3 ベイトソン、ネテル&ロバーツ（2006）。

権力によって取り締まられています。しかし、そういった社会制度が整っていない頃の集団では、仲間による相互監視が違反の大きな抑止力になっていました。仲間の目を気にする人が多い集団のほうが、行動の統制がとれて強い集団となり、生き残りやすかったのです。

私たちも不届き者の子孫です。 ちょっとしたズルを犯しかねないけれど、仲間の目を気にしてズルを躊躇するのです。そうした心理が、万人の心の隅に潜んでいます。仲間の目が私たちを道徳的にしているのです。

さて、この論理からすれば、根っから道徳的な人は、人の目を気にする必要がないと思えますよね。ところが、そうでもないのです。道徳的な人も、「人から疑いをかけられたくない」という気持ちで、人の目を気にするのです。ふだんから道徳的な行動をしている人も、人の目があるときには、ことさら道徳的に見える行動をとるのです。いわゆる「李下《りか》に冠を正さず」です。

というわけで、誰もが周りの人の目を気にするようになっているのは、しごく当然なのです。

諦めなさい
集団の掟を守るための仕組みなのだから

3

幸せなはずなのにネガティブになるの、しょうがない！

まず、幸福感の由来を生物学的に考えてみます。動物は、うまく生き残って子孫が繁栄するのが生物学的にいいことになっています。だから、食べ物が十分にあり、かつ安全な状態が幸福になるように思えます。

ところが、現実はちょっと違います。生物学的に感情は、動物の行動を起こしたり方向づけたりするものです。現状が満ち足りた状態であると、新たな行動を起こさなくてよいので、感情が喚起される必要がないのです。

つまり、**幸せなはずの状態では、幸福感は喚起されない**ことになります。

じつのところ幸福感は、「これからよい状態になるぞ」という期待によってもたらされるのです。あなたも「休みをとって旅行に行くぞ」というときには、幸福感に包まれるけれど、いざ行ってみると意外に気疲れも多く、思ったほど幸せではないという経験があるでしょう。

では、幸福を感じにくいとして、なぜネガティブになるのでしょうか。それは人間が未来志向だからです。将来のことをあれこれ想像すると、ちょっとしたことが心配になります。現在が満ち足りた状態であればあるほど、未来は現在よりも悪くなると考えてしまうのも、当然です。

おまけに過去も想像すると、もっと始末が悪いのです。過去の選択を後悔して、「あっちの道を進んだら、もっと現状はよくなっていたかもしれない」とネガティブになります。生きていられるほどの幸せな状態に今あっても、もっと上へ上へと気持ちが高まってしまい、後悔が深まるのです。

現代社会は「選択肢が増えた不幸な社会である」と主張する学者[*4]もいます。一見「選択肢が増える」と幸せに思えますが、あまりに増えると選びきれなくなります。そこで「もういいや」と適当に選ぶと、後でもっといい選択肢があったことがわかり、悔やんで不幸になってしまうのです。

最近では、寿命も延びて「人生再チャレンジだ」と言われる社会になってきました。「生きていられるくらいで満足しないで、上を目指してがんばれ」ということです。そうすると経済も回るし、みんなも豊かになるので、政府は旗振りをします。

いい状態で生活している人たちが、現状に満足せずにネガティブになって、心配しながらがんばるというのが、現実の社会なのです。なんか変なのですが、そういう社会になってしまったので、仕方がないですね。今のところ、受け入れるしかありません。

まあ、ネガティブになったら、ネガティブさは「現状が幸せなことの証《あか》しだ」と思いながら、ちょっとだけがんばるのがいいでしょう。

諦めなさい 幸せなときは幸せを感じられないのだから

＊4 バリー・シュワルツ『豊かさが招く不幸』（2004）。実際に選択肢をかなり増やして商売をすると売り上げが下がることも、行動経済学で実証されています。

4 フラれてつらいの、しょうがない！

恋愛でパートナーにフラれればつらいですし、親密な友達と思っていた人に軽くあしらわれれば、ひどく落ち込むものです。

狩猟採集時代は100人ほどの親密集団だったので、こうした個人と個人とのいさかいは、あとあと尾をひくものでした。なぜなら、そうした後ろめたい過去があっても、当人と顔を合わせて生活をしなければならなかったからです。そのため、いさかいはとくにつらい感じが伴います。つらい感じであれば、それを起こさないようにしたり、起きても修復したりする動機が生じます。

しかし、文明の時代になって事情が変わりました。親密集団は影を潜め、恋人も友達も集団の外の人との人間関係になってきています。そうなると、つらい感じになる必要がありません。いさかいが起きたら会わなければよいのです。

冷たい言い方のようですが、今の社会でフラれたら、つらさが深まる前に、すぐに次を探すのが得策です。嫉妬も後悔も狩猟採集時代の遺物です。現代社会では役に立たなくなっています。代わりに、人口が増えた今日には、ほとんど無限の選択肢が控えているのです。

ひと昔前の職場であれば、会社自体が親密集団を形成していたので、社内恋愛や社内結婚が多くありました。ちなみに私の両親もそうです。

しかし、昨今の職場では、人間関係が親密になりにくくなっています。前述したように、協力関係が希薄になっているのがひとつの理由です。もうひとつの理由は、セクハラやパワハラの規制が厳格化されたことです。規制に抵触しないように努力していると、気軽に社内恋愛を模索できなくなったり、職場の長老や先輩が仲をとりもてなくなったりしてしまいます。

さらには、職場で親密な友達を作らないようにする人さえも目立ちます。親密な友達は危険性をはらんでいるからです。親密な間はいいのですが、いさかいが起きて仲たがいをすると、問題が深刻です。[*5]たがいに秘密を打ち明けていると目も当てられません。愛が憎しみに転じて、ＳＮＳでの秘密の暴露合戦になってしまいます。職場で気持ちよく仕事をするために親密な友達を作らないとは、なんとも皮肉な事態です。

こんな状態であれば、パートナーを探すのにマッチングアプリを利用するのが、しごく合理的です。たがいに相手を探していることが明確ですし、ある程度の条件で絞り込んで、相手を選んで付き合い始められます。仮にフラれても、次が大勢控えているので、探しやすいですね。

いかがでしょうか。「アプリの利用は何となく嫌なんだよね」という方、それもまた、**狩猟採集時代の感情によって可能性が狭められている**のです。でも、人間なんだから仕方ないですよね。

諦めなさい
狩猟採集時代の遺物の感情なんだから

＊5 この秘密の教え合いは平均して女性同士に多いことが調査で知られています。男性同士はライバル意識からか秘密を教える傾向が低いとのこと。

5 ご近所づきあいが嫌なの、しょうがない！

私は、六畳二間の公団住宅で育ちましたが、子どものいる家庭が多く、ご近所づきあいが濃密でした。ご近所をアポなしで勝手に訪問しても、喜んで迎え入れてくれました。

その頃は、そもそもご近所づきあいが必要だったのです。私はよく、醤油《しょうゆ》やソースを切らしたと言う母に、ご近所に「借り」に行かされました。夜「お醤油貸してくださーい」と訪問するのは、最初は気恥ずかしいのですが、すぐに慣れました。今ではコンビニがあるので「貸し借り」が必要なくなりました。コンビニは便利な反面、ご近所づきあいを奪っているのかもしれませんね。

ご近所づきあいは、狩猟採集時代の仲間を維持する心理によって、伝統的に守られてきました。協力集団の仲間はたがいに持ちつ持たれつの依存関係です。仲間が困っているなどの事情がよくわかるからこそ、助け合えるのです。こうして、長屋のようなご近所づきあいは、何も取り繕う必要がない気軽な関係として好まれてきました。

ところが、**現代のご近所づきあいは一転して「気遣いの関係」になってしまったのです。**その大きな要因は経済的な格差への懸念です。たとえば、庭でバーベキューをやりたいが、いい匂いがご近所にただようと、ご近所の子どもたちが「うちもやりたいよ」と言い出し、迷惑なことになるのではと思うのです。

ご近所の井戸端会議も同様で、たがいに相手の家の事情には踏み込まないように気遣っています。醤油でなくて「お金貸してくださーい」と言ってこられても困るからなのです。これではご近所づきあいが嫌になるのも、当然ですね。

ちなみに、狩猟採集時代の仲間関係であれば平等が基本ですから、お金があれば分け与えるのが原則です。狩猟採集時代の仲間意識があるからこそ、ご近所づきあいが嫌になるという、皮肉な関係なのです。

これをうまくやっているのが、アメリカでよく行われているホームパーティです。「今日はうちの庭でバーベキューをやるから誰でも来ていいよ」とご近所にアナウンスします。参加者はおのおの食べ物を持ち寄ります。肉が買えない家の子は、たとえば手作りのお菓子を持って行けばいいのです。仮に手ぶらで行っても「次はうちで新作映画[*6]の上映会やるから来て」と言えばいいのです。

もちろん、ホームパーティに参加できないときは行きません。招くほうも、来てもらうこと自体が目的ではなく、オープンに開催することが目的なので、「何か来られない事情があったのだろう」と思うだけです。「行かないと『あいつはうちを嫌っているな』と思われる」など、過剰な深読みは不要なのです。

こうしてみると、ご近所づきあいを気にするのも、文化的な変遷のせいですね。

諦めなさい 今の日本社会には向いていないのだから

＊6 この上映会、昔はＤＶＤを買ってくれれば気軽にできましたが、ＮＥＴＦＬＩＸで誰でもすぐに入手できる昨今の状態では上映会の意義がなくなりつつあります。これも便利さがご近所づきあいを弱める例でしょう。

6 SNSで疲れてしまうの、しょうがない！

SNSは、最新鋭のコミュニケーションツールです。ところが、私たちは大勢の人々とのコミュニケーションが得意ではありません。その結果、その最新鋭ツールを持て余してしまうのです。

前に述べたように、人類の文明を支えてきたのは、想像力と社会性です。**仲間のことが気になり「仲間は何を考えているか」を想像することが協力を推し進め、集団の共有知識を増やしていきました。**この過程で行われてきたのが、コミュニケーションです。

ここで、コミュニケーションの規模が問題になります。狩猟採集時代の仲間はせいぜい100人くらいでした。その程度の人数ならば「仲間は何を考えているか」を想像することは容易です。おまけに、ほとんど毎日顔を合わせているので、その想像を現実の仲間の行動と照らし合わせて修正することも可能だったのです。

ところが、文明の時代になると、一生で数百人から数千人の規模の人々と付き合うようになったのです。それらの多くの人々と実際に会う機会もまれです。すると、**「人々が何を考えているか」を個人別に想像することは、もう不可能です。**[*7]だから、「世間の考えは～」などと、一般化して把握するのです。

そんな中でSNSが登場しました。

私たちは、ふだん会えない知り合いの様子や考えを、SNSを通じて把握できるようになったのです。それは朗報であると同時に、悪夢の始まりでもありました。

＊7　第一、人間はそれほど大勢の人を識別できません。大勢の人を把握する能力は人類に必要がなかったのでまだ進化していないのです。

SNSは、ある程度のコミュニケーションを可能にしましたが、対面ほど濃密ではありません。そのため、「私があなたを気に入っている」という事実を伝えようとしても、正確には伝わらないのです。仮に伝わっても、相手がいまひとつ実感できなかったり、疑《うたぐ》り深い人であれば「そう思わせたいから心地よいことを言っているだけではないか」と勘ぐったりしてしまいます。

現状、人数の問題と、コミュニケーションの深さの問題を抱えながらSNSを利用せねばならず、利用方法は二極化傾向を見せています。

つまり、浅いコミュニケーションを多くの人々ととって人間関係を広めようという方向性。

もうひとつは、限定された仲間と深いコミュニケーションをとって人間関係を深めようとする方向性です。

両者は、コミュニケーションの形態が違うので、元来は分かれていました。古くは掲示板と手紙、より最近のメディアでは放送と電話です。

インターネットが張り巡らされスマホが普及すると、放送と電話の境目が不明瞭になりました。**ＳＮＳはその最たるもので、人間関係を広めることと、深めることがそれぞれできるのです。**ところが、それらはやり方が違っていて、同時にはできないのです。仮にＳＮＳというメディア側で技術的な準備が整ったとしても、人間側がそれに対応できないのです。

従来では、自分の意見を言うのに校内放送を利用するときと、誰かに向けて電話をするときでは、それらのメディアを使う時点で、浅くか深くかのスタンスが決まっていました。それが、自分の意見を言うのにＳＮＳを利用するとなると、どのような気持ちでＳＮＳに参加するかによってスタンスが異なってくるのです。

本来ならば、ＳＮＳの参加者がコミュニケーションの場ごとに合意していなければならないことが、合意されていないままコミュニケーションが始まってしまっているのです。

そのため、自分では仲間内の深いコミュニケーションをしているつもりが、相手は広いコミュニケーションととらえて、仲間内でのはずの情報を広く拡散されてしまいます。

逆に、自分は浅いコミュニケーションですませるつもりが、深読みされて面倒なことにもなります。面倒だと思って反応しないと「既読無視の冷たい奴だ」と悪評が流されるのです。

こうして**SNSでは、知らず知らずのうちに、大勢の人との浅くないコミュニケーションに引きずり込まれてしまいます。**

大変な労力がかかるうえに、いつでもどこでも接続できるというスマホサービスの特徴がゆえに、**対面コミュニケーションの時間やひとりでじっくり考える時間がSNSによって奪われてしまいます。**

結果として、あなたが「SNSに疲れた」「もうやめたい」と思うのは当然なのです。

諦めなさい
高度なコミュニケーションが
要求されているのだから

7 整形したくなるの、しょうがない！

自分の顔が嫌いだとか、容姿が気になって仕方がないという人は少なくないでしょう。そういう方は、現代の美容整形技術で改変が可能です。場合によっては、かなり晴ればれした気持ちになれるほど、改善できます。

ところが、この整形が、素直には受け入れられていません。伝統的に「親から授かった身体《からだ》を傷つけてはいけない」などと批判されてきました。

こうした整形に対する反感も、過去の生活様式を考えると納得がいきます。**私たち人間は、個体識別を顔によって行ってきました。**狩猟採集時代では、しっかり協力する人かそれともタダ乗りかを見分ける必要がありましたが、それは主に顔によってなされていたでしょう。

文明が始まってほかの集団との交易が行われるようになりましたが、そこで必要な「信用できる他者」の識別も顔が大きな手がかりになっていたにちがいありません。今日使われる「顔がきく」や「顔パス」などの言葉もその歴史を物語っています。

つまり、顔などの外見を整形によって変化させると、個体識別の手がかりが揺らいでしまうので、信用を欠く恐れがあるのです。

そうした危険性が伝統的な反感の由来となっています。言いかえれば「相互の識別に大切な外見に手を加える人は信用がおけない」という思考が、自動的に働いているのです。

ところが、外見には識別以外の価値があります。たとえば、美しさです。歯並びがいい、肌に斑点がない、顔が左右対称である、パーツの配置が黄金比に近いなどが美[*8]しさの要件になっているようです。これらは、およそ健康状態の判断の手がかりになっています。

動物もそうですが、私たち人間は健康な人とパートナーを組むほうが有利です。そのため、より健康的な人を好むようになっています。その大きな手がかりが、顔を中心とした外見の美しさなのです。

しかし、外見と健康度合いは必ずしも一致しません。たとえば、歯並びが悪くても健康な人は大勢います。それにもかかわらず、外見で一刀両断に価値判断されるのでは、納得がいきません。こうした思いで歯列矯正をするのは「せめてもの抵抗だ」と考えれば、まったくもって許されることと思えます。

おまけに、人口が増えて多くの人とかかわる現代では、**嫌でも外見**

によって人の取捨選択が数秒でなされる社会になっています。外見の実質的な価値が上昇しているのです。

それに加えて近年では、美容整形技術が高度化・廉価化しているので、費用対効果を考えると、整形のメリットは絶大です。それに人からより好かれるようになれば、気持ちも明るくなります。もはや、整形したくなるのは当然ですね。

諦めなさい
外見で判断する人が多く、
整形のメリットは大きいのだから

＊8　多少の文化差はありますが、美しさの要件はおよそ人類共通。よって、生得的な判断基準が大わく進化的に身についているのです。

生物学的に、しょうがなくない！

「心のメガネ」が作られるのを期待

私[*9]たちの心の構造は、長かった狩猟採集時代の協力生活に由来しています。いわば、**私たちの心は「狩猟採集時代にチューニング」されているのです。**

ところが、文明の時代になり社会が大きく変化しました。人口が増えて見知らぬ人とも協力するようになりました。大勢の人の顔が識別できないので、人を信頼するより、お金を信頼するほうが手っ取り早く、便利になったのです。でも今度は、「お金で解決するのは、人情に欠ける」と思ってしまいます。

私たちは、身近なところでは深く親密な人間関係を求め、感情的な充実感を得る一方、ビジネスでは、契約にもとづいた浅く広い人間関係にうまく対処しようとします。この浅く広い人間関係は狩猟採集時代にはなかったので、進化的な支えがほとんどありません。心[*10]は狩猟採集時代の文化にもとづいているのに、現実の社会はそれとは異なる文化形態になっています。

そのため、現代文化への適応に必要な知識や能力を、教育によって身につけなければならなくなりました。読み書き、計算、論理的な思考、法律や経済の仕組みなど、学ばねばならないものは多岐にわたります。

社会が複雑化し、科学技術が発展するに従って、その身につけるべき知識や能力がなおさら膨大になっています。小・中・高・大学と勉強を続けても、とても達成できるものではありません。

とくにＳＮＳなどの情報メディアがもたらした社会変化には、目を見張るものがあります。しかし、この変革に庶民が取り残されているという問題が、見え隠れしています。

＊9 一部、階層的な上下関係のように、それ以前のサルの生活に由来するものもあります。
＊10 これは生物学的な文化齟齬《そご》で、私はＢＣＤ（Biological Culture Discord）と命名しています。

知識や能力のある人だけが、社会に適応できればよい。個人責任なんだから、適応できていない人は、各自知識や能力を磨いてください、という風潮になってきています。それでは、おかしいと思いませんか。

私は、「心のメガネ」を推進しています。**目が悪くてもメガネをかければすむように、「心にもメガネをかけよう」というキャンペーンです。**

目とメガネの関係を見てみましょう。人間の目の機能はすごく精巧にできていますが、その分故障も多いのです。目はもともと遠くの獲物や木の実を見るための器官でした。文明の時代になって読み書きが出てきて、近くを見る習慣が生じ、近視が増えました。また、外で紫外線を浴びつづければ、眼球の透明部分が濁る白内障になります。昔は寿命が短かったので大きな問題にならなかったのですが、寿命が延びれば白内障を抱えて生きていかねばなりません。

これがメガネの登場によって、劇的に改善しました。近視はレンズで補正すれば、はっきり見えるようになるうえ、外出時も紫外線カットのメガネをかけていれば、将来の白内障のリスクを大幅に軽減できます。最近のメガネは服のようにフィットして、ファッション性も上がってきました。つまりメガネのような人工的技術が、私たちの生得的な身体の限界を大きくカバーしているのです。

同様に、あたかもメガネをかけるように、私たちの知識や能力の不足を先端技術が手軽にカバーしてくれるようにならないものでしょうか。とかく、先端技術は社会の効率を上げるところに使われがちで、私たち使用者が疎外される傾向がありますが、メガネのように私たちの側の支援に使われれば、私たちはもっとハッピーになれるはずです。

「人工知能（ＡＩ）が私たちの仕事を奪う」という警鐘が鳴らされていますが、そのＡＩ技術は同時に、メガネのように私たちの知識や能力の不足を補える可能性があるのです。すでに音声認識や自動翻訳技術は、その兆しを見せています。

生物学的な限界を、テクノロジーがブレークスルーする。そういう時代の到来を期待してよいのではないでしょうか。

第4章

欲望がわくのは、しょうがない！

浮気するくらい、セックス好きなの、しょうがない！

人間や動物がセックス好きなのは当然です。セックス好きでなければ、子孫がきわめて残りにくいので、遺伝情報が子孫の世代に引き継がれません。つまり、セックス嫌いの遺伝情報が生じたとしても、失われます。

その結果、生き残った動物種はみな、生殖行為や生殖に至りやすい行為が好きになるのです。

これが、生物進化の原理ですが、もう十分おわかりですね。

では、セックス好きはよしとして、なぜ浮気という「不道徳なこと」までしてもセックスしたがるのでしょうか。ここにも、生物学的な事情があるのです。それがわかるのは、ヒトの睾丸《こうがん》[*1]の大きさです。

睾丸は精子を作る器官ですが、動物種の生殖行動の形態に合わせて適切な大きさに進化しています。たとえば、霊長類の中で睾丸の大きさを比較すると、ゴリラはごく小さいのですが、チンパンジーはきわめて大きいのです。ヒトはそれらの中間です。

ゴリラの睾丸が小さいのは、精子があまりたくさん必要ないからです。オスのゴリラはメスをハーレムに囲って、ほかのオスを寄せ付けないで生殖するので、最低限ハーレム中のメスの個体数分の精子があればよいのです。

その点チンパンジーは大変です。チンパンジー[*2]は群れの中でセックスしまくっているので、たくさんの精子が必要なのです。時には、複数のオスとセックスし

*1　オスの下腹部に位置する陰嚢《いんのう》の中にある精巣の別名。「きんたま」ともいう。
*2　いわゆる乱婚ですが、ランクの低い個体の生殖は制限される傾向にあります。

たメスの膣《ちつ》内で、精子同士が競争して受精するという事態が生じます。そのため、1回のセックスで多量の精子を放出できる個体の遺伝子が選択的に生き残ってきたのです。

さてヒトはどうかというと、これも狩猟採集時代の環境が問題になります。草原は協力集団をうまく形成しないと生きていけない場所だったので、森に住むチンパンジーのようなやり方は都合が悪かったのです。チンパンジーは発情期のメスをめぐってオスが戦います。これでは、群れ[*3]の中で争いが絶えません。

そこでヒトは「一夫一妻制」を導入したのです。はじめから集団の掟《おきて》として生殖相手が固定されていれば、内輪もめが減らせます。それを維持するために、メスの発情期もなくなりました。メスが常に発情できることにより、パートナーのオスをひき止められるようになりました。

でも、一夫一妻制ならば、ハーレム制よりも精子は少なくていいですよね。すると、ヒトの睾丸はゴリラより小さく進化するはずですね。

ヒトの睾丸がゴリラより大きいのは、**一夫一妻制の陰に「ぬけがけの乱婚」が潜んでいる実態**を示しています。

すなわち、「一夫一妻制＋ちょっと乱婚」にふさわしい大きさの睾丸になっているのです。

一夫一妻制の大きな目的は内輪もめの低減です。内輪もめが起きない範囲ならば、少し乱婚でもいいのです。それに乱婚のメリットもあります。集団内に妊娠できないあるいは妊娠させられない個体がいても、集団内の生殖資源を十分に活用できます。それから、パートナーでないメスが産んだ子どもが自分の子どもかもしれないと思うと、オスがその子の養育をする気持ちになりやすいのです。[*4]

＊3　ランクの高いオスが優先される傾向がありますが、そのランクをめぐっての事前の争いも多いのです。

狩猟採集時代では、子どもたちを集団で養育していたので、「誰の子かわからないし、みんなの子でいいじゃないか」という気持ちを抱くことは重要でした。「ちょっとだけ乱婚」が、博愛精神の始まりになったのかもしれません。

とはいえ、「できる限り自分の子を残したい」という心理もまた、持続しています。人間の男性は、パートナーの女性が、ほかの男性とセックスすることを忌避します。ほかの男性の子どもを誤って養育する状況を怖《おそ》れるのです。

一方の女性は、パートナーの男性が（セックスとしての浮気でなく）、ほかの女性に惹《ひ》かれることを忌避します。[*5] その男性の資源がほかの女性に奪われるのを嫌うのです。

人間の浮気心は、一夫一妻制の建て前と、ちょっと乱婚の実態との間で揺れ動く心理の表れです。生物学的にしょうがないけど、ほどほどに、ですね。

諦めなさい 私たちはちょっと乱婚の生き物なのだから

＊4　ライオンのオスに見られるような、メスが養育している子どもを殺すことでメスに新たに自分の子どもを産ませるという、卑劣な行動が進化するのを防いだと考えられます。

＊5　この忌避する浮気の形態の男女差は、世界各地の調査で同様の結果が出ており、文化によらない生得的な生物学的原因によると示されています。バスら（1999）。

2 おっぱいやおしりが好きな男性、しょうがない！

男性は、子どもを産みやすい女性と生殖行為をしたほうが子孫が残りやすいので、おっぱいやおしりが大きい生殖相手を選ぶように進化しています。おっぱいが大きければ、乳児に栄養を十分に与えられますし、おしりが大きければ、胎児を長く体内で育てることができます。

よく「男性はスリムな女性が好き」と言われますが、**生物学的にはウエストがしまっていることが「妊娠をしていないこと」のアピールになるからと、考えられています。**つまり、バスト・ウエスト・ヒップの比率[*6]が生殖相手の選択のうえで大切になっているのです。そのため、全体的なやせ過ぎは、実際のところ好まれていません。

こうした背景から女性は、体形のラインを強調できればセックスアピールになるのです。しかし、あまりアピールするのも考えものです。哺乳類の場合、オスは精子のバラマキ戦略ですが、メスは限定した卵子を大きくなるまで養うという生殖戦略になっています。このアンバランスがあるため、女性は、相手をしっかり選んでからセックスアピールしたほうがよいのです。

また、社会としても男性の浮気心が過剰に発現されるのも、もめ事が増えるので嫌われます。TPOにふさわしい服装が大切だということです。

さらに男性側から見れば、おっぱいやおしりの好みは、その人の生殖能力に依存します。老化などによって生殖能力が低下していれば、好みはもっと多様化するようです。「ストッキングにゾクッとする」などの生殖自体には関係が薄いフェ

＊6 男性による女性の体形の好みの違いは、世界各地の調査で文化差が小さいとされています。シン（1993）。

ティシズムは、こうして生じていると考えられます。

ここまで「男性から見た女性の外見の好み」の傾向を述べてきましたが、「女性から見た男性の外見の好み」ももちろんあります。背が高いとか筋肉があるといった「強さの象徴」が女性から好まれています。これはゴリラと一緒です。

バラマキ戦略のオスは、多少死んでしまっても次の世代の種づけに問題がないので、オス同士が戦って「強いものが生き残る」のが哺乳類に広く見られる傾向です。ヒトでは、オスが狩猟などの危険な仕事を担当して、生き残ったオスが複数のメスを囲うこともあったと思われます。メスに対してオスの体格が大きいというヒトの特徴は、ゴリラと似ています。

じつは、ほかの霊長類とは異なるヒト独自の特徴があります。

オスの

ペニスが体格に比較して大きいのです。

どうも、メスが大きく勃起したペニスを選択的に好んだがゆえに、ペニスが大きく進化したようです。文明社会では服を着るようになったので、ペニスの誇示競争は日常からは遠ざけられましたが、生物学的には準備されているので、いつまた勃発するかもわかりませんね。

諦めなさい
生殖に関する自然な反応なんだから

3

ダメンズに惹かれる女性、しょうがない！

前項で議論したように、女性が男性に求める要素は、伝統的には「強さ」でした。ところが、**文明社会になって体力的な強さに代わって、「優しさ」の重要さが高まりました。**文明社会では狩猟採集時代と違って、頑強な男性が食べ物をもたらすわけではなくなったのです。

それに対して、優しい男性は子どもを育てる意識が高いですし、浮気の心配も小さくてすみます。現代では、伝統的な「男らしさ」の優先度が女性から見て低下しているのです。

いわゆるダメ男を意味する「ダメンズ」は多くの場合そうした「優しい男性」として女性から人気が出ているのだと考えられます。

そのうえ、女性の社会進出が定着してきており、伝統的な性的役割分業がなくなったり逆転したりしています。女性が社会で家計の維持に必要な資源を稼げれば、男性が専業主夫になることもできます。現にそうした家庭も徐々に増えています。まさに、**女性がダメンズを囲っていられる時代が到来**したわけです。

今後、女性による男性のハーレム作りも一般的になるかもしれません。

ただ、ダメンズに悩まされているのならば、問題です。これは「共依存」と呼ばれ、かねて「アルコール依存症の夫を支える妻」に見られてきた構図の現れと考えられます。

現代社会では、アルコール依存症患者を治療するプログラムがある程度確立しています。もし夫が、アルコール依存症で生活に問題が生じているのならば、妻はそのプログラムを受けさせるのが得策です。

ところが、プログラムを受け始めた夫が、だんだんと治療の効果が上がり、社会復帰が可能になってくると、妻が妨害することがあります。いろいろ理由をつけては夫のプログラムへの参加を妨げたり、お酒を飲ませて依存症を再発させたりする例が見られるのです。

どうも妻が「自分を頼ってくれる精神的に弱い夫」を子どものようにとらえ、「それを助けている自分」に意義を見出《みいだ》しているようです。だから、夫が自立してしまうとその意義が失われるので、嫌がっているのです。

この相互依存状態が共依存であり、その恐れがある場合には、妻も一緒に治療プログラムに参加する必要が出てきます。

「優しい男性」としてのダメンズに惹かれるのはよいことですが、生活の成り立たないダメンズを「しょうがないなぁ」と言いながら助けつづけるのは、双方にとってよくない共依存状態です。この場合は、少し冷たくして遠くから見守るのが愛情というものでしょう。

諦めなさい
環境が変わって
好まれる男性が変化してきたのだから

4 過保護になっちゃうの、しょうがない！

ライオンの母親は、自分の息子が成長したと見るやいなや、そのわが子を群れから追い出すのを知っていますか。

ライオンは女系家族で群れを作っています。群れの中の成獣はすべてメスで、姉妹や姪《めい》の関係です。それらのメスが子どもをもうけて養育しています。獲物をとるのも、基本的にはメスです。

子どもの父親は、その地域を縄張りとするオスでふだんは群れにいません。複数の女系家族の群れがいる縄張りをときどき巡回しています。縄張りは大きくて管理するのが難しいうえに、しばしば縄張りを奪いに来るオスの挑戦を受けるので、オスが兄弟で連帯を組み、複数個体で縄張りの支配をしていることもあります。

群れの小さなオスが成長してくると危険です。縄張りを支配しているオスに見つかり敵とみなされると、自分の子どもであっても攻撃されてしまいます。そのため母親は、一定の大きさまで成長すると、わが子を群れから追い出します。追い出された子は、放浪して力をつけ、自分の縄張りを持つまでひとりでがんばらなければならないのです。

わが子を追い出す母親のひょう変は驚きです。先日まで可愛《かわい》がっていた子を突然攻撃し始め、群れが危険な場であると知らせるのです。追い出される子どもはわけがわからず、未練《みれん》たらたらトボトボと去っていきます。誰からも守られない過酷な生活が待っているので当然です。

母親はたぶん、成長したオスが分泌し始める臭いに反応して態度を変えるのでしょうが、過去を回想しない動物ならではの特性と思われます。

ヒトの場合は、このような傾向はありません。狩猟採集時代の協力集団には男女の分業はあったものの、上下関係はなく、支配ボスをめぐってオス同士が戦うという構図もあまりなかったと思われます。だから、集団の中に一生いることができました。ライオンを思うと幸せなことです。

そうした集団の子どもは、成人の儀式を経れば一応大人として扱われますが、[*7]年上の大人たちから、狩猟や採集のノウハウを学ぶ機会が引き続きあったでしょう。それゆえに人類は、技能や知識を集団で伝承していくという文化を成立させ、友愛を育んだのです。

さて、今日の文明社会はきわめて複雑な社会になりました。学ぶべき技能や知識は膨大になっています。すると、**子どもを早めに自立させるよりも、親の保護下で力をつけさせるほうがよりよく社会に適応できる、と考えるのも当然です。**

子どもの自立は大事ですが、子どもを保護できる親は保護を続けたいのです。

諦めなさい
過保護なくらいが文明社会向きなんだから

＊7 人間が生殖年齢を過ぎても長生きできるようになったのは、狩猟採集時代に次の世代を保護し学習させる役割が生じたため。長生き遺伝子が（とくに母親に）ある集団のほうが選択的に生き延びた結果である（だから女性のほうが長生き）とされています（第6章）。

5

笑顔につられて商品を買ってしまうの、しょうがない！

ウィンドウショッピングに出かけたつもりでも、店員さんに「ピッタリの靴お探しします」「とってもお似合いですよ」などと笑顔で言われると、ついつい買ってしまう。そんな経験ありませんか。

これは、**店員さんを協力集団の仲間と錯覚しているから**です。

店員さんに笑いかけられれば、こちらもつられて笑ってしまったり、楽しい気分になったりします。肯定的な感情が共有できれば、仲間意識が芽生えます。

それに加えて、「私のためにがんばって似合う商品を探してくれているのだ」と思うと、「その恩義に報いなければ」という気持ちになってきます。道徳的な人ほど、「仲間のために」と、そのオススメ商品を買ってしまうのです。

このように笑顔には、肯定的な気分にさせたり、仲間意識を高めたりする強力な効果があります。狩猟採集時代の集団内でいさかいが起きたときにも、大きな役割を果たしていたでしょう。[*8]

この効果はあまりにも高いので、広く利用されています。CMで芸能人が笑って商品をオススメしていれば、つい買ってしまいます。商品の性能や機能ではなく、そのイメージにもとづいた消費をしているのです。

＊8　ほかの霊長類にもいさかいを鎮める特有の行動があります。チンパンジーは毛づくろいをしますし、ボノボはセクシャルな誘惑行動をとります。

さらに、最近の健康食品の広告では、長らく商品を利用していると称する一般消費者が、「とってもいい」などと笑顔で語っています。広告の片隅に「※個人的な感想です」といった注釈が入っていますが、広告を見る人はあまり気にとめていません。

この注釈は「打消し表示」といって、商品の説明を限定的かつ正確にする役割があるのですが、広告主は広告全体の印象を保持するために、できるだけ小さな字で目立たないように表示しています。消費者庁の調査では、この「打消し表示」が消費者に理解されていないことが明確になり、問題視されています。

過去には、もっと悪質な例もありました。野菜に生産者の笑顔の写真をつけて「私が作りました!」と示すと、売り上げが伸びることが判明したのですが、その形での販売が急増したところ、一部に、流通業者が社員の笑顔を写真に撮って、野菜につけた例があったのです。生産者と言いながら生産者の写真ではなかったので、さすがに不当表示として摘発されました。

諦めなさい 私たちは笑顔の魅力に勝てないのだから

選挙のポスターも、政策を記入するより、一流の写真家にベストショットを撮ってもらったほうが、票が集まるそうです。投票の前に「誰にしようかな」とポスターを一覧すると、親切そうな表情で写っている候補者を選んでしまうのは、人間の本性の現れで、仕方ないですね。

6 占いに頼ってしまうの、しょうがない！

「この人と結婚していいのだろうか」「どの会社に就職するのがいいのだろうか」「気に入った物件、今が買いなのだろうか」と、人生にはいろいろな岐路に立つ場面があります。

このように自分では判断がつかなくなったときには、占い師が頼りになります。優秀な占い師ならば、相談者のわだかまりを解消し、心の奥に秘めていた決断を察知して、背中を押してくれます。タロットカードも水晶球も筮竹《ぜいちく》もそれをうまく演出する道具です。

占いに頼る傾向があるのは圧倒的に女性なのですが、それにも生物学的な理由

があります。

前述したように、男性は「精子バラマキ戦略」なので、「あの娘《こ》とセックスできたらもう死んでもいい」などとつぶやくのです。実際、女性にゆだねて子孫を残す道筋が一応確立できたとすれば、役割を終えてもいいと感じるのです。[*9]なんとも自分勝手ですね。

向こう見ずな人も男性に多いですよね。冒険して、多少死んでしまっても、精子の数は十分にあるので、成功率の低いことにイチかバチかで挑戦するように男性は進化しています。

一方で女性のほうは、自分の子どもを産んで育てないと子孫が引き継がれません。**未来を考えて、自然と行動が慎重になるのです。**

＊9 この典型例が、メスとの交尾中にメスに食べられてしまうカマキリのオスです。子孫に栄養分が引き継がれるので、遺伝情報伝達の効率化のために機械的に進化しました。機械的作用から、これほど慈愛に満ちあふれた行動が生まれるのも驚きです。

慎重なのはよいことです。今、上場企業では役員会議のメンバーの女性の割合を高めようと努力しています。これまでの男性ばかりの会議では、誰かの「鶴の一声」で、あまり検討せずに物事が決まってしまう傾向がありました。成功率の低い挑戦的意思決定が行われやすくなっていたのです。

会議に女性が多くなると、さまざまな可能性を慎重に検討する傾向が出現します。検討する分、会議に時間がかかるというデメリットもありますが、トータルの成功率を上昇させる効果が期待できるのです。

決断ができないことを「優柔不断で決断力がない」などと批判する向きがありますが、**失敗ばかりする決断ならば、しないほうがよいに決まっています。**「占いなんて」と軽んじる人は、時には、占い師に相談するくらい慎重になってみるのがいいでしよう。

アメリカの歴代大統領の一部には専属の占い師がいたと伝えられていますが、占い師もあながちバカにできない、確固とした職業なのです。

諦めなさい
よく考えないと
実行に移せない慎重派なんだから

7 お酒を飲み過ぎちゃうのも、飲めないのも、しょうがない！

お酒をたしなむのはいいことです。まず、気分がよくなり、ストレス解消に効果があります。それに、他人と一緒にお酒を飲むと、仲間意識が高まります。ともに笑顔で楽しい時を過ごすのは、それだけで一体感が出てきます。

さらに、ふだん言えないような失礼な本音を相手に言えます。「あのときは、お酒が入っていたから」と、無礼講《ぶれいこう》扱いにできるのです。

でも深酒はいけません。お酒はタバコと同様に発がん要因にあげられています。体質と飲み方によりますが、人によっては、発がんリスクが五割増しにもなります。お酒がどうして問題なのかを解説しましょう。

お酒の酔う成分はエチルアルコールで、体内では次の分解過程をたどります。

エチルアルコール→(酵素A)→アセトアルデヒド→(酵素B)→酢酸

酵素[*10]というのは、分解を助ける物質です。人は遺伝情報によってこれら酵素の生産量が規定されており、お酒の強さ弱さなどの体質を決めています。酵素が2種類関係しているので、理解にちょっとした努力が必要になっています。

深酒をして酔いつぶれているときは、エチルアルコールが脳に作用して、麻薬のような酩酊《めいてい》作用を及ぼします。それが気分のよい状態を作っています。深酒をした次の日に二日酔いになって気分が悪くなるのは、酵素Aによってエチルアルコールから生成されたアセトアルデヒドの作用です。これが人体にとっては毒で

*10 酵素には何万種類もあり、体内にも自然界にもいろいろ存在しています。よく酵素を売り文句にしている健康食品がありますが、どの酵素でそれによって何が作られるかが重要であり、酵素というだけでは、いいも悪いもないものなのです。

あり、発がん率を上げています。二日酔いがさめるのは、酵素Bによってアセトアルデヒドが無害な酢酸（いわゆる「お酢」の主成分）になるためです。

さて、**お酒で酔うのが好きになるのは酵素Aが弱いからです。**エチルアルコールである時間が長いので、麻薬効果が高いのです。中毒症状にもなりやすくなります。逆に、酵素Aが強いとエチルアルコールである時間が短く、酔えなくなります。

一方、**酵素Bが弱いとお酒に弱くなります。**毒であるアセトアルデヒドの体内にとどまる時間が長く、人体に害があります。食道がんの主要因はこれで、アセトアルデヒドが食道の細胞を破壊して起きるとされています。

酵素Aが強く、酵素Bが弱いとお酒が嫌いになります。なにせ、酒で気持ちよい時間はわずかで、すぐに頭痛などの不快な状態になり、それが長く続くからです。両酵素がともに強い人は、ザルのように、飲んでも平然としています。

諦めなさい　酵素が弱い遺伝情報を持っているのだから

私自身は、酵素Ａが強く酵素Ｂが弱いお酒嫌いです。私の息子もこれを引き継ぎました。一方で娘は、酵素ＡとＢがともに強いザルで、日本酒マニアです。たぶん、酵素Ｂが強い要因を母親から引き継いだのでしょう。

このようにお酒を飲み過ぎてしまうのも、飲めないのも遺伝子の指令なのです。

8 期間限定に目がないの、しょうがない！

夏限定のビールや、冬季限りのチョコレートを買ってしまうのは、「人間のさが」です。**動物と同様に「今を楽しむのが大事」とする態度の表れなのです。**おまけに期間限定ならば、「今味わわなければ二度と味わえない」という切迫感が伴い、欲望が喚起されて購買行動につながりやすくなります。

ここでちょっと仮想的な問題を考えてみましょう。

（1）今日1万円もらう
（2）明日1万1000円もらう

さて、どちらを選びますか。多くの方は（1）を選択するでしょう。

それでは、

（3）1年後に1万円もらう

（4）1年と1日後に1万1000円もらう

今度は、どちらを選びますか。（4）を選択するという方が多いのではないでしょうか。

どちらのペアも、1日経過するだけで1000円額が増えるので、そちらが選択されそうなのですが、（1）の「今日」には、特別に大きな価値が伴うのです。

過酷な自然環境で生活していた時代は、将来は不確定でした。

いつ死

んで失われてしまうかわからない未来のために努力するよりも、今が大事なのはあたり前です。だから、人間もほかの動物と同様、今を優先するのです。

しかし、文明の時代になって生活の安全が保たれるようになると、将来が見通せるようになりました。経済も安定していれば、期間限定を買わずにお金をとっておいて、1年後にもっといい商品を買うとよいかもしれません。

人間はほかの動物と違って、将来を考えられるようになりましたが、それを現在と比較するのは上手ではありません。高校生はよく、部活動に打ち込んで充実した学校生活を楽しむのがよいのか、勉強に打ち込んで将来のための知識や技能を身につけるのがよいのか、迷います。

期間限定を買うか買わないかの判断も同様に、将来と現在の比較の問題なのです。これには、画一的な解決法はありません。適度に今を楽しんで、適度に将来への備えをしておく、バランスが大事になります。

だから、今を楽しむために、期間限定を買うのもアリなのです。

諦めなさい
将来よりも現在の楽しみが大事なのだから

9 ごほうびを目指すの、しょうがない！

ウマは、目の前にニンジンをぶら下げられたら、それにつられて走り出すといわれています。ウマより賢い私たちも、ごほうびにつられて人の言いなりの行動をとることがあります。

子どもに行うマシュマロテストと呼ばれる実験があります。その子の好きなマシュマロなどのお菓子をひとつ、皿にのせて持たせます。「15分したら戻ってくるので、そのときまで食べずにいられたら、もうひとつあげるよ」と言って部屋を出ます。ちゃんと15分間がまんしていられるかの実験です。

5歳未満児であると、ほとんど誘惑に負けて食べてしまいますが、年長になるとがまんできる子が増えていきます。ふたつ食べる価値を予想して、15分間欲望をやり過ごすことができるのです。

欲望を早いうちからやり過ごせるようになる子は、人間関係を築くのがうまく、勉学の達成も上手になるようです。ただし、ごほうびにつられて行動するという態度は問題があるので、要注意です。

たとえば、「テストが満点であったらおもちゃを買ってあげる」と約束すると、確かに子どもはがんばって勉強します。ところが、以下のようにこの方法は長続きしません。

【テストで満点がとれた場合】子どもはおもちゃを買ってもらってうれしいのですが、「次は何を買ってくれるの」と要求がエスカレートします。数回は要求に対応できても、ごほうびを延々と提示し続けられません。

【テストで満点がとれなかった場合】子どもは、がんばったのにおもちゃがもらえないので、くやしがります。もっとがんばって満点をとると思いきや、そんな子どもはごく少数です。多くの子は、「そもそもおもちゃは買ってもらえないものなんだ」と思い込みます。そして「おもちゃなんか欲しくないやい」と諦めます。

どちらにしても、ごほうびを目指して勉強させ続けるのは、難しいのです。そのうえ、少しうまくいったと見えても、勉強がごほうびの手段となってしまい、ごほうびがないときは勉強しないという態度に、のちのちなってしまいます。**勉強は自らの意欲にもとづいて楽しみながらできるのがベストなのです。**

ごほうびについては、誰かが与えるのではなく、自分で達成目標として設定す

るのがよいのです。そうすると、意欲が高まり、維持できます。

人間は、ほかの動物と同じようにごほうびを目ざすものですが、人間だけが「自分へのごほうび」ができ、自分で自分を鼓舞できるのです。

諦めなさい
むしろ自らごほうびを利用する
方法を考えよう

生物学的に、しょうがなくない！
ホットハートを訓練しよう

私たちの感情や欲求、そして、無意識の思考や反射的な行動の大部分は、遺伝子の指令のもとに作動しています。**こうした多くの機能の集まりである心を、私はホットハートと呼んでいます。**

ホットハートが持つそれぞれの機能は、必要性があったがゆえに身についた、生まれながらのホットな傾向であり、よくも悪くも「生物学的にしょうがない」と言えます。

しかし、その機能の中には、たがいに矛盾しているものがあります。たとえば、浮気心と貞操観です。前者は森で生活していた乱婚の時期に進化し、後者は草原で協力集団を形成していた時期に進化しました。

私たちは、そうした相反する機能をホットハートに宿しています。**それらは環境からの刺激によりどちらかが作動するようになっています。**たとえば、誘惑が多いと浮気心が起動され、そうでないと貞操を守るといった具合です。状況に応じてすぐに動作が変化するという意味でも、私たちの心（ハート）は移り気で、ホットなのです。

移り気であることは、訓練の可能性を示しています。たとえば、浮気ばかりしていれば、浮気心が発動しやすくなります。一方、浮気心をやり過ごしていれば、貞操を守ることができます。つまり、ある程度の習慣づけができるのです。

また私たちは、生まれながらのバランス感覚をもとに、練習すれば自転車に乗れるようになります。倒れそうなときは、そちらの方向にハンドルを回すと復元力が働いて姿勢を維持できるというのが、運転の原理です。しかし、その原理がわからなくても、ハンドル操作が訓練でき、誰でも自転車乗りになれるのです。なんと、すばらしいことではありませんか。

生物学的に準備されている生得的な機能は数多くあります。楽しみや笑い、幸福感など、あってよかったと思う機能がある一方、恐怖や怒り、妬《ねた》みや恨《うら》みなどの、ないほうがよいと思う機能もあります。

ところが、**訓練や習慣づけをすることによって、不要な機能が起動されにくくなったり、必要な機能がより多く発動できたりするのです。**容易なことではありませんが、自分のホットハートが、今どのように働いているのか、あるいはどのように働くことが多いのかをよく認識しておきましょう。まずは自分を知ることで、訓練や習慣づけの手がかりが得られます。

第5章

自分を
よく見せたく
なっちゃうの、
しょうがない！

ブランド品が好きなの、しょうがない！

流行の服、バッグ、靴、腕時計など有名ブランド品は人気があります。身につけると自分がすごーく大きくなった気分になり、うきうきします。だから、かなり高価でも買ってしまいます。高価なものほど売れる傾向さえもあります。

この行動の源は、サルよりももっと前の動物の時代にさかのぼれます。たとえば、シカの角を思い出してください。いくつにも分岐して立派ですね。ただし重いので、頭の上にのせているシカの首への負担は尋常ではありません。では、なぜシカは、苦労してまでも角を進化させているのでしょうか。

……それは生殖上の利点があるからです。

シカで立派な角を持っているのはオスです。

前述したようにオスは精子バラマキ戦略なので、メスをめぐってほかのオスと戦います。まれに角をつき合わせて戦うこともありますが、本気で戦うと双方にとって痛手です。**そこで、角の立派さを見せ合うことで、勝敗を決める手段が進化しています。**このような行動を生物学でディスプレー（見せつけ）といいます。

メスのシカから見ても、オスのディスプレー行動には大きな利点があります。重く大きな角は維持するのが大変なので、無理をしてそれを実現できるオスは強く健康であることを示しています。結果的に、立派な角を作る遺伝子が生き残っていくのです。

同様の例が鳥類にもあります。ゴクラクチョウなどに見られるきらびやかな飾り羽です。オスに特徴的ですが、行動観察からすると、オス同士で見せ合うとい

＊1 生存に直接必要と思えない装飾が進化する原理で「ハンディキャップ理論」と呼ばれます。
＊2 諸事情の限界まで止めどもなく立派に進化することが知られ、「ランナウェイ現象」と呼ばれます。

うよりは、メスにアピールするのが主目的のようです。[*3]

ツバメやスズメのように共同で子育てをする鳥類の種では、オス・メスの見かけの差が小さいことがよく知られています。

つまり、メスが単独で子育てする種に、オスのほうが大きかったり、きらびやかな飾り羽を持っていたりする傾向があるのです。**ひまなオスがそういうことに精を出している**のですね。

さて、ヒトの生態についての話に入ります。

多くの動物と同様に、ヒトの祖先でも、オスがディスプレー行動をして、オス同士で張り合っていたと推測できます。ゴリラと同様に、ヒトでもオスの体格がメスより平均して大きいのは、その名残です。しかし、狩猟採集時代に一夫一妻制が導入されると、魅力的なオスをめぐってメスが競争する状況も生じ、メスのディスプレー行動も強く出現しました。

もともと、子孫へ引き継がれたディスプレー行動の遺伝子は、男女両方が備えもっていました。旧来は、性ホルモンによって、男性に際立って顕在化《けんざい》していたものが、両性に顕在化するように進化したのです。

それでも依然として、ディスプレー行動の性差がありました。男性は「強さ」であり、女性は「美しさ」です。これらの差が、生殖における事情から生じたのは、前述した通りです。

さらに文明社会では、それに「財産」が加わったのです。

男性ならば「高級外車」を運転して「強さ」をアピールし、ライバルを出し抜

＊3 実際に尾羽を切ったり、他個体の豪華な飾り羽を付けたりすることで、パートナーの獲得数が変化することが実験・観察されています。

くことができるようになりました。女性ならば、ブランド品に身を包んで「美しさ」を演出することができます。強さや美しさは、それだけでも動物的な優越感につながりますが、文明の時代では財産がアピールできて、さらに優越感の相乗効果があるのです。

ブランドは、もともと品質の訴求から始まっています。それなりに長く使ってみないと耐久性などの性能がわからない商品を、ブランドによって性能保証することで、高くても売れる状態が作られたのです。「このブランドを買えば間違いない」という消費者の意識は、「良い性能の商品を届けたい」という生産者の立場からも価値がありました。

ところが、ブランド品が財産のアピールに使われるようになると、高ければ高いほどアピール効果になるので、本来の性能に見合う価格を超えて、止めどもなく高くなってしまうのです。

しかし昨今では、庶民の経済状況から遊離した高価な「高嶺《たかね》の花」商品になって、誰にも見向きもされないブランド品も増えてきました。ブランド品は生物学的な源と同時に、格差などの社会的状況を映し出しているのです。

諦めなさい
私たちは財産をアピールする
動物なのだから

2 マウントとろうとしちゃうの、しょうがない！

私たちは、性的な魅力のマウントをとります。

「Aくんって頭いいわねぇ」⇓「運動神経は俺のほうがウエだぜ」

「Cさんは美人だね」⇓「あの人は性悪娘って噂《うわさ》よ」

といった具合です。


また、仕事上のマウンティングもよく行われます。

プロジェクトが成功すると「自分が優良顧客を連れてきたから」「自分の商品デザインがよかったから」「俺が休日返上で働いたから」などと、それぞれが自分の寄与をことさらに主張します。私たちは、「成功は自分のおかげ、失敗は他人のせい」と、常に人のウエを行きたがるのです。

マウントの起源は、チンパンジーに見られる階層社会にあります。 群れの中では、下位個体が上位個体に従う順位関係があります。

また、若者が成長して壮年者が老いていくと力関係が変わるので、常に順位交代の闘争が生じます。

「俺はウエを目指したくないから」と、闘争から距離を置くことはできません。いじめられて最下位に追いやられてしまいます。食べ物が不足してくると最下位には回ってこなくなり、群れの中での最初の飢え死にが予定されています。ウエを目指さなくとも、生き残るための闘争が発生します。**自分よりもシタの個体がいればまずは安心**ということなのです。

人類は、狩猟採集時代の協力集団では、闘争が少ない平等社会を築いていました。しかし、それ以前のサルの時代までに、階層社会を形成していた時期がかなり長かったようです。

その結果、私たちの心には「何かと他人のウエを行きたい」と思う心理が隠れています。

企業では、適度に階層を導入して、そうした心理を刺激しています。昇進を動機にして残業させたり、上司からの命令によって効率的に仕事をさせたりします。私たち自身も、動物時代に慣れた関係なので、階層があることがあたり前のような気がしてしまいます。

こうして、ウエをとるマウント合戦におのずと引き込まれていくのです。

マウンティングが起きるのは、企業をはじめとした階層的な環境のもとで、競

争が奨励されているためです。私たちのホットハート（176ページ参照）に隠れた上下意識がおのずと発動されるのです。順位がウエのほうが食べ物を先に得られるし、生殖相手も見つけやすい。シタに行けば、万一のときに危ないから、仕方ありません。

とはいえ、親密な仲間だけで和気あいあいと仕事をしたいとも思います。その気持ちもホットハートに隠れているのです。そのような状況が許される職場であれば、マウンティングも減ってくるのでしょう。

諦めなさい
動物的な階層のある環境での
自然な反応なんだから

3 ちやほやされてうれしいの、しょうがない！

ちやほやされるとうれしいという人は多いでしょう。これは狩猟採集時代の協力集団を維持するために進化した特別な仕組みです。

前にも述べたように、狩猟採集時代は平等な社会ではあったものの、能力の格差もありました。走るのが得意、遠くを見張るのが得意、木の実を見つけるのが得意、槍《やり》投げが得意などの能力の多様性があったにちがいありません。

その各自の得意な能力を存分に発揮してもらうのに「ちやほや」が役立ったのです。**走るのが得意な人を仲間が応援すれば、その人は元気づけられ、走るのが必要な仕事を率先して担当するようになります。それが「ちやほや」の効果です。**

感謝や尊敬のひとつのあり方です。

極端なところでは、ケガで仕事に出られなくなった人は、ちやほや係を担当すれば、それだけで集団の生産性を上げることができたのです。現代でいえば、職場の宴会係でしょうか。

さらに、**ちやほやには上下関係を緩和する効果もあります。**

ちやほやされてうれしくなっている上司は、威厳のある命令を部下にくだすことが難しくなります。どうしても部下に対してお願いモードになりがちになるのです。

このあたりのあんばいがわかっている社員は、上司の操縦に長《た》けた社員です。有能な上司が来たら、感謝し尊敬することで、上司にもっと気持ちよく働いてもらえます。部下は、上司の指導のもとでスキルも身につくでしょう。

有能でない上司が来たら、すかさず「よいしょ」して、気持ちよくなってもらいましょう。有能でない上司は、自分の無能さを隠すために威厳を見せつけ、部下に命令しがちですので、まずは「その必要はない」と思わせるのが、穏当な操縦法です。理不尽な要求も減らす効果があります。

ただ、上司の操縦のために上司をちやほやしていると、その行為が「上司にとり入っている」と周りから見られ、結果的におだてることを控えてしまうことになりがちです。そうした場合は、「上司の操縦のため」という暗黙の合意を職場で事前にとりつけておくことが必要ですね。

とかく「ちやほや」には、否定的なイメージがつきまといますが、以上のように、職場での貢献格差や上下関係の支配・服従に伴う問題を緩和する効果があります。

もし、あなたがちやほやされるのであれば、あなたに能力があるか地位がある

かのどちらか、または両方なので、
ちやほやされてうれし
がっていれば職場は平和なのです。

諦めなさい
うまく働いてもらうのが目的なのだから

4 知ったかぶりしてしまうの、しょうがない！

私たちは、ライバルとの競争に負けたくないとか、上司としての威厳を保つとか、優秀な営業マンであると見せつけたいとかの理由で、ついつい「知ったかぶり」をしてしまいます。

「知ったかぶり」のようなウソをつくのは、ウソのデメリットよりも、メリットが大きいからです。文明社会では、そのようなウソをついても、すぐにはバレません。「バレたらやばいな」と思えば、すぐに勉強して知識を身につけます。やがてウソではなくなり、勉強への意欲がわくというメリットさえあるのです。

ウソの生物学的な起源を見ていきましょう。

いわゆる下等な生物におけるウソは、遺伝情報で指令された「擬態」などです。たとえば、ハナカマキリは花に似せた格好をしてカモフラージュし、近寄ってくるハチなどを仕留めます。しかし、カマキリが「ホントはカマキリなんだけど、花に似せているんだ」などと思っているわけではありません。だから、私たちが問題とするほどの「高度なウソ」には至っていません。

もし、前述した角のディスプレー効果を偽装するシカが現れれば、ウソつきのシカといえそうです。すなわち、立派な角が落ちていたとき[*4]に、それを拾ったシカが「自分の角」であるかのようにディスプレーできれば、高度なウソがつけるシカといえましょう。残念ながらシカには、このような能力がありません。拾った角を自分のもののように掲げる身体《からだ》の構造を持っていないのと同時に、シカは他個体から見た「自分の見え方」を認識できないのです。

一方、ヒトではこの種の「偽装」が発達しています。毛皮や角、鳥の羽を身に

＊4　シカの角は時期が来ると根元から切れて生え変わるので、立派な角もよく落ちています。

まとい、自分を大きく見せられるようになったのです。

しかし狩猟採集時代ではまだ、この種のウソのメリットは大きくありませんでした。偽装が偽装であるとわかってしまう社会だったのです。たとえば、「獲物の群れを見つけたぞ」とウソを言っても「今度はちゃんととってきてくれよな」で終わりです。言うばかりでとってこない人は、「そういう人なんだ」と思われるだけです。

ところが、言語の発達を迎え、容易にウソがつけるようになってきました。たとえば「俺は昔マンモス狩りに成功した」とジェスチャーで伝えるには、マンモスの骨を握って見せでもしないと通じませんでした。それが「マンモス」という言葉で通じるようになると、マンモス狩り上手を容易に偽装できるのです。

文明の時代になって、言語が主なコミュニケーション手段になり、見知らぬ人々とも交流が始まると、ウソが本格的に横行し始めました。言語によってウソが容易につけるようになったうえに、すぐにはバレない事態になったのです。

また**私たちは、ウソを見抜くことが非常に不得手**[*5]です。私たちの能力の大わくが確立した狩猟採集時代では、ウソに効果があまりなかったのでウソをつく人が少なく、そのため、ウソを見抜く能力も進化しなかったのです。

情報メディアが高度に発展した今日では、より手軽にウソがつける社会になっています。**ＳＮＳで気軽に多くの人にメッセージが伝えられる便利な社会は、同時に、知ったかぶりがあふれ、ウソが渦巻く不信社会となったのです。**

もはや、「知ったかぶりはウソつきだからいけないこと」のように単純化できなくなりました。営業マンがセールストークでつく小さなウソは、「お客様の心をつ

＊5　ベテラン刑事も教員も、容疑者や生徒のウソをそれほど見抜けていないことが、調査で判明しています。

かむのに必要」と言えるでしょう。お客のイメージ消費を助けるためには、そのウソが不可欠なことさえあります。

ウソをつかないことよりも大切なのが、誠実な人づきあいです。たとえ、知ったかぶりをしても後からフォローし、どうにもならなくなったら、素直に「思わずウソをついてしまいました」と謝罪をする。それによって人間関係の修復をする。そうした覚悟を持って、知ったかぶりをするのが望ましい姿です。

諦めなさい
ウソにメリットがある
社会になったのだから

5 きょうだいとケンカが絶えないの、しょうがない！

動物界に広く見られる集団は血縁関係が核になっています。血縁関係がたがいに助け合いやすいのには遺伝子レベルの原因があります。

動物は一般に、自分が生き延びるのにプラスになる行動をします。なぜなら、**「自分が生き延びるのにプラスになる行動」**を指令する遺伝子が生き延び、**「自分が生き延びるのにマイナスになる行動」を指令する遺伝子は生き延びない**、という単純な原理があるからです。

では、血縁者を助ける行動はどうでしょうか。これを指令する遺伝子も生き延びやすいのです。**なぜなら、自分が「血縁者を助ける行動を指令する遺伝子」を持っていたら、血縁者も同じ遺伝子を持っている可能性が高いからです。**そのため、助けられた血縁者によって「血縁者を助ける行動を指令する遺伝子」が子孫に引き継がれやすいのです。

厳密には、生殖のパートナーは血縁関係にないことが多いでしょう。それでも血縁関係に相当する助け合いが起きます。それは、子どもの養育を協力して行うことが影響しています。「生殖パートナーと良好な関係を築く行動を指令する遺伝子」があったほうが、その遺伝子を持つ人の子どもを介して、その遺伝子が存続しやすいからです。まさに「子はかすがい」なのです。

それでは、「自分ときょうだいのどちらを助けるか」を選択しなければいけない場合、どちらを助けますか。……それは当然ながら自分です。「自分を助ける遺伝子」は自分が生き残れば必ず存続しますが、「きょうだいを助ける遺伝子」はきょうだいを助けても、助かったきょうだいがその遺伝子を持っていない可能性は50

パーセントあるからです。

両親が赤の他人同士であった場合（赤の他人同士の類似性をゼロとすると）、きょうだいの遺伝子の類似性は50パーセントです。そのため、**自分でなくきょうだいを助けるのは、自分がこうむる損害に対して、きょうだいが2倍を超える利益を得るときに限られるのです。**[*6] このときに、「きょうだいを助ける遺伝子」の存続確率が「自分を助ける遺伝子」の存続確率を上回るのです。

つまり、きょうだいは基本的に相互に助け合う関係なのですが、自分に来る利益がきょうだいへ行ってしまうと、「利益が半分になった」と感じるように生物学的に進化します。だから、**遺産相続などの場合に、骨肉の争いになる**のです。

*6 「ハミルトンの法則」として、生物進化の理論でも動物行動の観察によっても、実証されています。

一般に共有財産をその協力集団のメンバーで分ける場合には、同様の問題が生じます。狩猟採集時代の協力集団では共有財産が持てなかったので問題になりませんでしたが、文明の時代に財産の保有が可能になってからは、問題が深刻化しています。企業でも、内部留保が巨額になっていると、新たなビジネスで稼ぐよりも、その資金の取り合いになりやすいのです。争いを避けるには、なるべく早めに、それもこまめに共有財産を分けてしまうことです。

諦めなさい
助け合う遺伝子は半分しかないのだから

6 カリスマにほれてしまうの、しょうがない！

現代社会には「カリスマ」と呼ばれる人がいます。カリスマ政治家、カリスマ経営者、カリスマ販売員などですね。カリスマの話に耳を傾けていると、どんどん引き込まれます。そして、知らず知らずのうちに、応援活動に参加してしまったり、商品を買ってしまったりするのです。

カリスマの由来にあげられるのは、チンパンジーのような階層社会のボスです。力と威厳によって集団をひきいるボスは、今日のカリスマと共通点があります。しかし、階層社会の場合、下位メンバーは、ボスの支配と命令によって服従させられているので、その点では今日のカリスマと異なります。

私たちは、カリスマに支配されているのではなく、**自ら進んでカリスマに従っている**のです。

この状況が進化した環境が、狩猟採集時代の協力集団です。協力集団にもボスに代わるリーダーが必要でした。

なぜなら、獲物がとれなくなってきたので、北に向かってみんなで移動しようというときに、「いや南だ」「東だ」と意見が合わなければ、協力集団が崩れてしまうからです。**リーダーの決断に従う忠誠心があればみんながまとまって、集団の力が発揮できたのです。**

結果として、生き残った私たちの祖先集団は、忠誠心に富んだ人々の集まりだったのです。だから、今日の私たちがカリスマに従うのは、当然です。

　ところが、大きな問題がカリスマ側にあります。有能で先見の明があり、冷静沈着に判断するリーダーに従うことにはメリットがありますが、口先だけのカリスマに従ってしまうと、集団全体が不利益をこうむるのです。

私たちは苦境に立たされると希望を求めます。そして、その希望を断言してくれるカリスマに、よく考えることなく、ほれこんでしまうのです。

　そうしたカリスマは往々にして恐怖感情[*7]が低いのです。「自分が言った通りにならなかったらどうしよう」などの不安はありません。だからこそ、心の底から希望を断言でき、それを聞いた人々の信用を勝ち取れるのです。

　またカリスマは、パフォーマンス上手です。とくに、声の質[*8]が人々を惹《ひ》きつけ

＊7　恐怖感情が低いのはサイコパスの特徴。恐怖感情が低いと生活に支障があるので一般には進化しません。ところが、恐怖感情が低いとカリスマになりやすい利点があるので、今日までも一定数が維持されてきたと見られます。

＊8　声の質のひとつの要素は「低音」であること。カリスマに男性が多いのは、そのためかもしれません。そもそも「低音の声」は、物陰から叫ぶときに自分を大きく見せる効果があるため、危険な仕事を担当していた男性に特徴的に進化したものなのです。

る鍵になっているようです。だから、言葉を直接聞かなければ、カリスマに対する過度な思い入れを防げます。言っている内容を文字におこして「読んで」判断することが、扇動的なカリスマに惑わされない一方策なのです。

諦めなさい 私たちはカリスマを求めてしまうのだから

7 忖度《そんたく》してしまうの、しょうがない！

前項で解説したように、私たちには集団形成に不可欠な忠誠心があります。そのため、**企業のような上下関係のある職場では、ウエの意向を汲《く》んで忖度してしまうのは、当然のことです。**

私たちは、「上司の思いを先回りして仕事をすれば、その上司に気に入られて昇給や昇進が早まるだろう」という動機から忖度します。

一方で、上司が困ったことにならないように、またそれによって職場全体の不利益にならないように、という忖度も起きます。この忖度は、一見厚い忠誠心の表れのように見えますが、不祥事隠しの元凶になっています。

こうして見ると忖度はしないほうがよいように思えます。ところが、事はそれほど単純ではないのです。

あなたは、グループ作業がうまくいかなかったとき[*9]「自分の責任ではない」と思いながらも謝ってしまったことはありませんか。「自分が謝ればこの場は切り抜けられる」とか、「誰もがハッピーになれる」と信じられれば、人間は謝るものなのです。これはある種の忖度ですが、[*10]人間関係を良好にするひとつの方策として、広く行われています。

近年、公務員の忖度問題が注目される場面が増えています。しかし、考えてみると、職場では「指示待ち社員ではいけない」「自分で進んで仕事を見つける賢い社員になってほしい」などと言われます。これらは「忖度せよ」と言っているに等しいのです。

つまり、公務員の忖度問題は「忖度」が問題なのではなく、忖度して「過去の議事録を書き換えてしまう」などの、非倫理的行為がなされたのが問題なのです。

それに、そもそも、議事録のような民主主義の根幹をなすデータが変更可能になっているという「システム上の欠陥」があるともいえます。

忖度が悪いことのように語られがちですが、忖度することが奨励されているのは間違いないでしょう。やはり、忖度できる人は、コミュニケーション能力が高い優れた人なのです。ただし、忖度して「悪事に手を染めてはいけない」ということですね。

諦めなさい 人間的なコミュニケーションの手段なのだから

＊9 カッシンらの濡《ぬ》れ衣《ぎぬ》実験では、一定時間が経過したら故障するPCを「Altキーを押すと故障することがあるので絶対に押さないように」と告げたうえで被験者に操作させました。一定時間経過後「あなたがAltキーを押したので故障した」と被験者を糾弾したところ、その4割が「Altキーは絶対に押してない」と思いながらも謝ったのです。

＊10 逆に素直に謝れないことを悩んでいる方。それは前述の上下意識が強い方で、謝ることでシタになってしまうのを怖《おそ》れているのでしょう。

8 困っているけど人に頼れないの、しょうがない！

「人に頼れない」という方は、心の優しい方です。**人に頼ったときの負債感を過剰に予測しているのです。**

負債感の出どころは、狩猟採集時代における「タダ乗り防止」の仕組みです。狩猟採集時代の協力集団では、メンバーが能力に応じた分業を行う平等社会でした。誰かが獲物を仕留めて集団に貢献したら、「次は俺が仕留めてくる」と奮起したでしょう。この奮起の根底にあるのが負債感です。

しかし、能力には個人差があります。それに、ケガや病気で働けなくなることもあります。結果として、一部の人々が集団によってかなり一方的に支えられるという事態もあったにちがいありません。それをよしとする和気あいあいとした協力集団が、狩猟採集時代には築かれていたのでしょう。

ただ、それにも問題点がありました。一方的に支えられる立場の人々が増えると協力集団が成り立たなくなるのです。とくに、働けるのに働かないという「タダ乗り」を防止する必要が生じたのです。

防止法のひとつは威嚇です。「働けるのに働いていないではないか」と長老が怒りを向けて、当人が反省して働くことを促す方法です。ただこれは、当人の反省がなければ集団から追い出さねばならず、かなり暴力的です。チンパンジーの階層社会に回帰してしまう方法で、狩猟採集時代の平和的な協力集団向きではありませんでした。

そこで進化したのが「負債感」です。**人に支えられればそれを「借り」として感じ、「なんとか返さねば」と思うようになったのです。**負債感がある人々が集まれば、能力に応じてみんなが率先して働く協力集団がいち早く築けるわけです。

以上の経緯から、**人に頼れない人は「頼ったあとのこと」を考えてしまうのです。** 自分は何を返せるだろうか、返せないとタダ乗りになってしまう。タダ乗りのような不義理な状態は許せないと、自分を責める事態を予感し、頼らないほうがよいと思うのです。

さらには、その負債感を利用する人もいます。頼ってきた人に恩に着せて、後で無理難題を押し付ける人です。「頼ったあとのこと」を考えると、このような支配される関係も懸念されます。

人に頼るのには、いろいろと難しい心理的問題がありますね。人に頼れないのはしょうがないことなのです。

諦めなさい
負債感が妨げになっているのだから

9 SMプレーが好きなの、しょうがない！

SMとはご存じのように、サディズムとマゾヒズムを意味します。サディズムは、他者を虐《しいた》げることによって満足を得ることで、マゾヒズムは逆に自分が虐げられることによって満足を得ることです。伝統的には異常性欲とされてきましたが、性的欲求に限らず、こうした満足傾向が存在します。

SMの満足傾向のもとをただせば、チンパンジーの社会のような階層社会に見られます。ウエに立って他者を支配するとうれしい、シタに隷属していれば安心という心の働きです。後者の安心感は少しわかりにくいのですが、「あれこれ考えずに従っていればいいんだ」と思うことであり、宗教的な帰依《きえ》にも通じるところがあります。

サディズムとマゾヒズムはちょうど反対の役割なので、サディストとマゾヒストがペアになってプレーをすると、うまく両方が満足できます。日常生活で従ってばかりいる人がサディスト側に、日常生活でウエに立って判断をせまられてばかりの人がマゾヒスト側になる傾向があるようです。

人間の心には、サディズムとマゾヒズムの両面が準備されていて、両方が適度に発揮され、衝動が発散されることが必要なのかもしれません。

ＳＭプレーでは、たとえば、サディスト側がムチでマゾヒスト側をたたいて双方が満足しています。音のわりには痛くないらしいのですが、それでも痛みがうれしいというマゾヒスト側の告白は理解に苦しみます。

じつは、不要な痛みを与えつづけると、それに耐えるための麻酔物質が脳内に分泌されます。加えて、痛[*11]みに耐えられたとなると、痛みをコントロールできたという達成感からワクワク感が生じます。それに性的な興奮が加わると相乗効果があります。

脳科学の視点からは、ＳＭプレーも合理的ということです。

文明社会では、今日までチンパンジーの社会に見られるような階層が企業組織に活用されてきましたが、そろそろ卒業する時期です。支配と服従の関係から脱却して、相互理解のうえでの契約関係で働くのが理想です。私たちがサディズムやマゾヒズムの衝動を抱えていると、職場などで、つい支配と服従の関係になりがちです。ぜひＳＭプレーでその衝動を昇華しておきたいものです。

最近では、ＳＭプレーに似た効果がありそうなスマホゲームも登場しています。衝動が頭をもたげてきたら、ＳＭプレーの代わりにゲームをしてみましょう。

諦めなさい
サディズムもマゾヒズムも
階層社会の名残なのだから

＊11 痛みを麻痺《まひ》させるのはエンドルフィンなど、ワクワク感を与えるのはドーパミン。ともに脳内麻薬とされる神経伝達物質です。

10 自分が揺らいでしまうの、しょうがない！

学校にいるときの自分は家にいるときの自分と違うと、「自分の揺らぎ」に悩む子どもたちは、少なくありません。そうした子どもは、保護者が来る授業参観日は最悪の気分になります。[*12]ふだん学校にいるときのように振る舞えばいいのか、家にいるときのようにすればいいのか当惑するからです。当然ながら、学校にいるときのように振る舞えばいいのです。保護者の方々も、家にいるときと違う姿を見に来ているのですから。

子どもに限らず、大人になっても私たちは、「振る舞いに一貫性があるべきだ」と考えがちです。そのため、しばしば「自分の揺らぎ」が不安に感じられます。これも狩猟採集時代の協力集団に由来します。**協力集団では分業が行われていたの**

で、仕事の割当てに対して、責任ある一貫した態度が必要だったからです。

たとえば、息を殺して茂みに隠れるのが得意な人は、狩猟における「待伏せ役」に割当てられたでしょう。追い立てられた獲物を確実に仕留める役です。しかし、その待伏せ役が、狩りの最中に突然動き回ったらどうでしょう。それは本来、「追い立て役」がとる行動です。

つまり、分業の達成には、特定の行動が一貫してとられていなければならないのです。逆に言うと、ある行動を一貫してとることによって、それにふさわしい役割が割当てられるのです。とくに、まだ言語発達が十分でない時代の協力活動では、そのような「役割にふさわしい態度を見せること」が重要であったにちがいありません。集団において役割が与えられ、見事役割が果たせれば「集団に貢献した」と位置づけられ、当人もうれしいのです。

＊12 社会心理学で、「多重観客（マルチオーディエンス）効果」と呼ばれています。

このように協力集団のメンバーとして承認されるには、自分の行動が一貫している必要があったがために、**私たちは「自分の揺らぎ」が不安になるように進化しているの**です。

狩猟採集時代は唯一の集団に生きていたので、簡単に一貫性が確立できました。そのうえ、槍投げ役がいなくなってしまえば、誰かが担わねばなりません。自分が上手でないと知っていながら、集団の意向を忖度して、槍投げができるような態度を示さねばならない局面もあったでしょう。そのあたりの心理的な駆け引きもよくわかる親密な人々による、唯一無二の協力集団だったのです。

ところが、現代社会では事情が異なります。子どもは、たとえ家で甘えていても、学校では自立した個人を演じなければなりません。**大人になったらもっと大**

変です。さまざまな集団に属し、いろいろな状況に対応しなければならず、とても一貫性にこだわってはいられなくなります。にもかかわらず、「一貫性がないのはいけないこと」という漠然とした感じだけが残っているのです。

もちろん、約束を果たす責任ある態度は大事ですが、時と場合によって「自分が揺らぐ」のは問題ありません。現代社会でも許容されつつあるかと感じます。

諦めなさい
現代は自分の振る舞いが
固定化できない社会なのだから

生物学的に、しょうがなくない！
クールマインドを適切に働かせよう

遺伝子の指令のもとに作動している機能の集まりを「ホットハート」と呼ぼうと、前章末で提言しました。その各機能は、無意識のうちに、状況に応じて発動して私たちの行動を方向づけています。ホットハートはあたかも、わがまま勝手な小人さんたちの集合体のようです。

それに対して、**意識的な働きを私は「クールマインド」と呼んでいます。**それを担うのは、前頭前野を中心とした脳の部分であり、ヒトにおいて新しく進化した理性的で柔軟な部分です。柔軟であるがゆえに、生物学的な制約を超えられる可能性があるのです。

たとえば私たちは、他者から見た自分を意識して、自分の振る舞いが一貫しているかどうかを考えることができます。**こうした「意識してよく考えること」が、クールマインドの機能です。**社会が高度化したのに応じて、このクールマインドが機能アップしてきました。社会状況が複雑になってきたので、それまでの定型的な小人さんたちの働きでは間に合わなくなり、柔軟に熟慮して対処できるクールマインドを利用するようになったのです。

これが、生物学的にしょうがないことを「しょうがなくない」に転じる方法を提供してくれました。

たとえば、うまくいかないときに暴力に訴える対処法はホットハートに備わっており、思わず暴力が発動するのは「生物学的にしょうがない」のです。しかし、文明社会では暴力をなくすという合意があるので、暴力に訴える気持ちをうまく抑制します。このとき働くのがクールマインドなのです。

考えてみると、学校で勉強することのほとんどがクールマインドのトレーニングにつながります。読み書き、数学、社会、理科、みなそうです。**ところが、「ホットハートとクールマインドがあるんだよ」といった心の仕組みや、狩猟採集時代と文明時代**

の生物学的な文化齟齬《そご》は、学校で教わりません。

そのため、複数集団に属して、もはや自己の一貫性が維持できない時代になっているにもかかわらず、私たちのホットハートはその一貫性を希求してしまうといった事態が放置されています。**クールマインドがその事実を知って、「現代では自己が揺らいでも大丈夫」と言い聞かせることが必要であるのに、その認識さえも広まっていないのです。**

文明社会の特徴を知り、現代にふさわしい「生物学的にしょうがなくない」を、クールマインドによって形づくっていきたいものです。

第6章

生きるのつらいの、しょうがない！

恋心がさめるの、しょうがない！

理想の人に恋こがれると胸がときめきます。心臓がドキドキしたり苦しくなったりと、胸が締めつけられる状態になります。……これは、生殖行動の予感です。あえて動物にあてはめれば「発情」です。

危険を察知して恐怖を感じたときもドキドキしますね。これがネガティブな興奮であるとすると、恋心を感じたときはポジティブな興奮です。**戦闘や逃走と同じように生殖行動にも運動が必要なので、その準備のための興奮態勢が欠かせないのです。**

ところが、興奮が繰り返されると沈静化するようになります。いわゆるハネムーン期間の終了です。脳の中では、たびたび分泌されていた興奮のための神経伝達物質が出にくくなっていきます。**繰り返しの興奮は体力を奪うので、脳に防御反応が備わっているのです。**

そうなると、「あばたもえくぼ」に見えていた興奮状態から、「あばたはあばた」の冷静状態に転じていきます。恋心に隠れて気にならなくなっていたパートナーの悪癖が、いやに目立ってくるのです。離婚が多いのもうなずけますね。

しかし、ヒトには人間同士を結びつける友愛が進化しています。恋愛が友愛に転換できれば、パートナーの関係を維持できるのです。

友愛は、愛情ホルモンとされるオキシトシンによって成立しています。オキシトシンは本来、子どもの養育行動を促す目的で動物に進化していました。それが、狩猟採集時代の人類では、集団の仲間を長期的に助ける目的に使われるようになったのです。

オキシトシンによって友愛が芽生えていれば、恋心がさめてもパートナー同士が助け合っていけます。高齢者になっても婚姻関係を維持できる原動力になっています。

しかし、オキシトシン分泌はいいことばかりをもたらすわけではありません。関係を守る心理が逆に、関係破壊に対する過度な警戒を呼び起こすのです。

たとえば、出産を終えた母親では大量のオキシトシンが分泌されるので、子どもを守ろうという思いが強くなります。

そのため、些細《ささい》なことでも子どもに危険が及ぶと思いやすくなり、警戒心が高まります。産後うつ[*1]をもたらすのです。

つまりオキシトシンは、内部の結びつきを強めるとともに見知らぬ者を排斥するという「部族意識」の基盤をも作っているのです。「愛国心＝敵がい心」の関係ですが、こんなところにも生物学的な由来が見られます。

諦めなさい 極度の興奮は長くは続かないのだから

＊1 出産をしない父親には通常、オキシトシンが母親ほど分泌されないので、父親の子どもに対する態度を母親が冷淡に感じ、母子が守られていないと母親が不安に思う傾向があります。

2 人肌恋しいの、しょうがない！

動物にとって皮膚は非常に重要な器官です。身体《からだ》と外側の境界を形成していて、外部の物体を識別する触覚を持っています。また、異物[*2]から身体を守るバリアの働きもしています。

指先の皮膚感覚がなければ卵さえ持てません。指で卵をつまみあげたときの微妙な摩擦が感じられなければ、ちょうどよい握力を発揮できないのです。弱すぎて卵を落としてしまったり、強すぎて握りつぶしてしまったりします。

このように皮膚は、外部とのインターフェースを確立するうえでも、大切な役割を果たしています。

さて、多くの哺乳類の皮膚には毛が生えていて、それによって寒さや衝撃から身体を保護する効果を得ています。

さらにチンパンジーは、毛づくろいをして友好関係を築いたり上下関係を確認したりもしています。もともと毛づくろいは、皮膚に生息しているノミやシラミを除去する行為ですが、毛づくろい自体が気持ちよいので、下位個体が上位個体の毛づくろいをすることで、服従の確認になるのです。

一方、ヒトでは身体のほとんどの部分から毛が失われています。これは長距離を走りつづけるときの冷却を効率よくするために進化したからです。

毛づくろいはできなくなりましたが、肌が露出したことの利点は多くありました。光や風を直《じか》に皮膚で感じとることで多くの情報を得られます。[*3] そのうえ、皮膚の色合いで他者の健康状態や感情状態を感知できるようになりました。

＊2 皮膚を洗うのは病原体をとり除くにはよいのですが、洗い過ぎると皮膚本来のバリア機能が損なわれ、異物が体内に入って免疫を刺激し、アレルギー症状を起こす可能性が高まります。

＊3 たとえば、耳では聞こえない超低音や超高音の空気振動を肌で直接感知しています。

そして、ヒトにおいて、**毛づくろいに代わって発展したのが、肌の触れ合い**です。多くの霊長類は、子どもを抱いて養育していますが、**毛がなくなって直接肌が触れ合えれば、皮膚同士の摩擦によって脳に多くの刺激が到達します。これがヒトにおける親子間のきずなを、大幅に深めたにちがいありません。**

狩猟採集時代になって協力が大切になってくると、さらに、握手やハグによって仲間同士の結びつきを高める手段が広まったのです。

今日でも私たちは、肌の触れ合いを大事にしています。愛の交歓の大きな手段になっていますし、マッサージを受けると精神が安定してストレスの解消に効果があります。

だから、しばらく孤独な生活が続いていると、肌の触れ合いに飢えた状態になります。つまり、おのずと人肌恋しくなるのです。

諦めなさい
皮膚で他者との結びつきを
確認するようになったのだから

3 病気になっちゃうの、しょうがない！

病気は生物進化の副作用です。環境に生物学的に適応するメカニズムにおいて、遺伝情報の突然変異がその原動力になっています。その突然変異が病気をも、もたらすのです。そのため私たちは、生物として生きていく以上、病気になるのは仕方がないのです。

まず、病気を三つに分けて考えましょう。

第一は、故障としての病気です。私たちは皮膚に傷を受けても1週間くらいするとなおります。自然治癒力があるので、おのずと元の正常な状態に戻れるのです。同様に、故障としての病気ならば、健康に生きている限り相応の時間で回復するのです。「しょうがない」とする必要はないので、この種の病気はとりあえず除外しておきましょう。

第二は、遺伝的な要因の病気です。高いところに敏感な体質の人が高所恐怖症に、私のように、お酒に弱い体質の人がお酒を飲まされて急性アルコール中毒になってしまいます。いわゆる統合失調症[*4]や自閉症などの心的な疾患も遺伝的な要因の確率が高い病気です。

遺伝的な要因の病気は文字通り、家系によって特別な遺伝子（あるいは複数の遺伝子の組）を引き継いで生じます（もちろん当人の代における突然変異によって生じることもまれにはあります）。**これらの病気の要因である遺伝情報の変異は、生物を環境に適応させるために無作為に起きています。そのため、生物を生き延びやすくするのと同時に、生き延びにくくもしているのです。**

＊4　これらの病気の遺伝率の高さは、二卵性双生児にともに遺伝する確率よりも一卵性双生児にともに遺伝する確率が圧倒的に高いという調査によって実証されています。

このように遺伝要因の病気になるのは、遺伝要因の機能を獲得して高度な動物になることと裏腹の関係であり、どちらも生命の摂理なのです。

第三は、細菌やウイルスなどの病原体の感染によって引き起こされる病気です。自然界において病原体は、私たち人間とともに生存競争の土俵上にあります。よりうまく生き残る病原体がより繁栄するのは当然です。

動植物の多くは、そうした病原体に対抗するために有性生殖を獲得したと考えられています。母親由来と父親由来の遺伝情報をシャッフルすることによって、身体の特性を大きく変化でき、病原体が身体に巣くうのを防止できる可能性を高めたのです。ウイルスに至っては、遺伝情報を個体から個体へと伝播《でんぱ》させる役割があるので、誰かが獲得した機能を、他者に広める作用に貢献したのではないかとも推測されています。

こうして、第二、第三の病気の双方が、**遺伝情報が有用なものへと進化するメカニズムから直接生じている現象**であることがわかります。人類は、よりよく生きるために、病気になることを甘んじて引き受けなければならないのです。

諦めなさい
生物進化に伴う副作用で
起きてしまうものなのだから

4 年をとるとシワが増えるの、しょうがない！

年をとるとシワが増えるのは、肌の細胞が弾力性を形成する仕組みを失ってしまうからです。その原因には、老化（細胞分裂回数の限界など）や外的要因（紫外線や摩擦による皮膚細胞の破壊）があげられます。

とはいえ、なぜシワが否定的にとらえられているのでしょうか。仙人のようなシワシワの老賢人がみんなから敬われている光景を想像すれば、年齢を刻んだ証《あか》しとしてのシワは、ひとつのステイタスになってもいいように思います。

シワが否定的にとらえられる理由は、生殖年齢を過ぎているという指標《サイン》になってしまうからです。生物は次の世代をより多く残すようにその遺伝情報が進化するので、生殖可能な状態を敏感に察知します。パートナーを選ぶときには、子どもをもうけられる状態の相手を選んだほうが次の世代が残りやすいので、そうした相手に魅力を感じる遺伝子が引き継がれるのです。

こうした生物進化の原理を再三聞くと、「子孫を残すのがそんなに大事なのか」という反発心もわいてきます。ご安心ください。人類では、新たな事情も発生しました。

狩猟採集時代の協力集団では、子どもをもうけられない高齢者の貴重な役割が生まれたのです。狩猟採集に使う道具を作成するノウハウや、協力集団をよりよく運営できる知恵を年長者が提供するようになりました。**これにより、生殖年齢を過ぎた高齢者が生き残る「集団としての意義」が出てきたのです。**

結果として、人類において長生き遺伝子が特徴的に進化しました。

長生

きの人が多い集団ほど、集団の維持が能率よくできるからです。

とくに養育の熟練者である年長の女性の役割は大でした。その頃の協力集団では、ある程度の集団[*5]保育をしていたと考えられています。若い女性たちが採集に出かけている間、年長の女性は居住拠点に残って子どもたちの面倒を見ているという役割分担が、とても効果的なのです。

現在、男性に比べて女性のほうが長生きである事実は、このような過去の経緯があったがゆえに、女性のほうで長生き遺伝子がとくに進化した結果ではないかと見られています。

こうして人類は、子孫を残すのに加えて、知識や文化を集団として継承していくことにも意義を見出《みいだ》したのです。しかし、考えてみると、それももとをただすと、集団として子孫をよりよく残していく手段であったわけです。

人類は、高度な文明を築き、伝承する特別な動物種になったのですが、それも結局は「子孫を残す仕組み」だとすれば、まだまだ動物を超えられてはいないのかもしれませんね。

諦めなさい
生殖年齢の識別に必要なのだから

＊5 今日でも狩猟採集生活をしている人々の行動様式にも集団保育が見られています。

5 年をとると涙もろくなるの、しょうがない！

「若い頃は、感動的な映画を観《み》ても小説を読んでも涙があふれるというほどではなかったのに、最近は年のせいか、感動で泣けてきてしまう」という人が多くいます。**そうなってしまう理由は、感情のコントロール機能が弱まるからです。**

私たちは日頃、感情的になることを抑制しながら生活しています。やたらに泣き出せば、感情が不安定な人間と思われますし、やたらに怒り出せば、暴力的な人間と思われます。社会的な体面を維持するために、感情のコントロールをしているのです。その機能を司《つかさど》っているのは、前頭前野にある新しい脳です。

前述したように、胎児の時期には進化の歴史に従って身体が形成されます。脳でいえば、古い脳から始まってだんだんと新しい脳が作られるのです。その逆に、老化段階では新しい脳から先に衰えていくのです。生きていくための最低限の機能は古い脳にあるので、それを温存するという意味ではよい戦略です。

すなわち、**老化すると前頭前野の機能（クールマインド）が低下し始め、その兆候として、感情を代表とする古い脳の働き（ホットハート）が、日常的に表面化するようになるのです。**その典型例が涙もろくなるという現象です。

ほかにも、年をとると短気で怒りっぽくなるというのが、よく指摘されています。怒りを抑制しにくくなって「最近の若者はなってない」などと、自分の若い頃を棚に上げて、怒っているのです。

さらに、若者からは「高齢の親がネトウヨ[*6]になっていて驚いた」という訴えも

＊6　ネット右翼の略称。国粋主義的な観点から異国の糾弾や異国民の排斥を主張する意見をブログなどに書き込むこと。または書き込む人々。

あがってきています。これも、**仲間を守る部族意識から生じる敵がい心を抑制できなくなっている兆候**です。私たちは、狩猟採集時代に培《つちか》った部族意識を備えています。しかし、それを表に出さずに、教養ある地球市民として現代社会に生きています。年をとると、その姿勢が崩れてくるのです。

もう少し卑近な例では、お年寄りがオヤジギャグを連発するのも同様です。オヤジギャグのような駄洒落《だじゃれ》を言ってもコミュニケーション上は意味がなく、一般にはしらけるばかりなので、思いついても言わないように無意識のうちに抑制します。それが、前頭前野の機能が弱くなると、言ってしまって自分勝手に喜んでいるという事態になるのです。

また、やたらに不安が高じて、お金を貯《た》めこんでみたり、そのお金を誰かが盗みに来ていると訴えたりするお年寄りも目につきます。みんなで「そんなことはないよ」と説得にかかると、「悪者の陰謀《いんぼう》によってみんな操《あやつ》られているんだ」と妄想が膨らんでしまいます。

年をとったときの思考の変化は自分では気づきにくいものです。周囲の人が気づいて、それとなく知らせてあげるのがよいでしょう。

諦めなさい 脳の機能が弱くなっているんだから

6 死後の世界を信じてしまうの、しょうがない！

前に述べたように、動物が現在に生きているのに対して、人間[*7]は想像によって過去にも未来にも生きられます。過去から未来への時間変化のもとに現在を位置づけられるのです。たとえば、過去を想像して、懐古《かいこ》物語の世界に浸れば、今幸福になれるのです。

ところが、未来を想像すると暗い気分になりがちです。どんなにいいことがあると希望や期待を膨らませても、その先を考えると、死が待ち受けているのです。

さらに年をとって、余命いくばくもない状態になると、未来には死しかないという想像ばかりするようになります。

そこで、身体が死んでも、精神は「死後の世界」に生き残るという想像が大きな助けになります。「現実の世界で苦労に苦労を重ねるほど、死後の世界では報われて幸福に暮らせる」などという教義が、多くの宗教に組み込まれてきましたが、これらには人々の未来に対する想像を支える役割があったのでしょう。

では「死後の世界」は現実と一致しているのでしょうか。たとえば、1年後の将来の想像は、実際に1年後になってみて、想像と現実がどの程度一致していたかが検証できます。私たちは、これを繰り返して予測能力を上げ、科学を発展させてきました。

しかし、**「死後の世界」はこの手の検証作業ができない**のです。臨死体験と呼ばれる、「死後の世界」から帰

＊7　この「想像で過去にも未来にも行ける能力」をメンタル・タイムトラベルといいます。

ってきたという体験をした人々がいますが、「実際には死んでいなかった」とみなせば、「死後の世界の体験」ではないと考えられます。

検証作業ができない以上、想像は自由です。誰でも、個人的な「死後の世界」を想像できるのです。

私は、あるスピリチュアリスト（心霊主義者）といわれる人から「死後の世界」がどうなっているかを聞いたことがあります。それによると、死んだときの現実世界と全く同じものが、死後にも存続しているということでした。学校も病院も警察もあるのだそうです。

それを聞いて、「現実の苦悩がまた死後にも続く世界で、あまりハッピーではないな」と思いました。正直にその疑問を述べたところ、死後にはハッピーなところだけ残るのだそうです。なんだか、懐古物語の世界と似ているなという感想を持ちました。

私自身は、「死後の世界」があるとすると、生物学的な個や集団のしがらみを超えた精神だけが残るような気がしています。現実の世界は、生物学的な進化史や文化的な歴史に強く束縛されていますが、そうしたものから解放された世界を体験してみたいものです。

諦めなさい
死の苦悩をやわらげる手段なのだから

7 お墓が欲しいの、しょうがない！

人間が「死すべき運命」を背負い込むのは、想像力が強くなった副作用です。お年寄りや致命的な病気を抱えた人だけでなく、頑強な若者であっても、未来の未来を考えてしまうことで、おのずと死を見出してしまいます。

そして、日常生活からその重苦しい死を遠ざけようと、さまざまな心理的仕組[*8]みが働きます。

つまり、**人間は「自分も死ぬかもしれない」という死が先鋭化した脅威状況におかれると、それに対抗する心理状態を形成して「大丈夫、まだ死なない」とか、「死んでも大丈夫だから忘れていよう」と考え、安心しようとするのです。**

その対抗心理の多くは、狩猟採集時代の協力集団への回帰です。たとえば、身近な人々との結びつきを強め、自尊感情を高めて承認を求めます。また、社会的な公正さに厳格になって集団の安定化をはかり、よそ者に対してはかえって排斥意識が高まります。

なかでも特徴的な行為は、死者を敬う儀式などの、伝統的な慣習への固執です。文明の黎明《れいめい》期の人々の遺構から、死者を埋葬する風習が多く判明しているのは、偶然ではありません。**その時代の人々は、想像力を高めたがゆえに文明を発祥できたと同時に、死すべき運命に悩んだのです。**

現在でも、埋葬の儀式とお墓や位牌《いはい》は、死への脅威を解消する大きな手立てになっています。**遺伝情報の一部が子孫に引き継がれることよりも、人間は次の世代に自分の足跡が残ることに価値を見出したのです。**

＊8 死を遠ざける心理的な対処が存在脅威管理理論として活発に研究されています。

いわば、誰のものかわからない**遺伝情報よりも、個人としてのアイデンティティの存続を大切にした**のです。

こうして、埋葬の文化が確立し、持続していきました。先祖の遺骨が入ったお墓に参拝しに行くという現実があり、自分の死後は遺骨になってそのお墓に入り、また次の世代が参拝に行くという想像ができれば、現実によって想像の確証が得られる循環が確立できるのです。

死者を敬う社会的な観念は、「死後の世界」とは異なり、お墓参りなどの現実に根差した儀式によって支えられています。

昨今、この儀式が形骸化する傾向があります。また、墓を守る一族の結びつきも弱体化しています。

重苦しい死を遠ざける格好の仕組みを失いつつあるのです。

こうした状況にあると人々は、重苦しい死を遠ざける別の方法を模索してしまいます。そうした人々がカルト宗教に誘引されることを防ぐためにも、お墓が欲しいという気持ちを大事にしたほうがいいのです。

諦めなさい
次の世代に足跡を残したくなるのだから

8 人生がむなしくなるの、しょうがない！

人生の過ごし方で人々を大きくふたつに分けると、マキシマイザーとサティスファイサーになります。マキシマイザーは、何事も最大化を目指す人で、完璧主義者ともいわれます。サティスファイサーは、適度に満足する人です。

人生がむなしくなる人は、マキシマイザーなんです。

階層の上へ上へと目指したり、設定した目標に向かってひたすらがんばったりする人です。上を目指しても、そこに到達できる人はわずかです。到達できなかったら、人生失敗でむなしくなります。

一方、設定した目標に到達できたら、今度は目標がなくなってむなしくなります。どちらにしても、むなしくなることが運命づけられています。

その点、適度に満足するサティスファイサーは幸福です。今の状態に意義を見出して、楽しむことができます。

こう考えれば、サティスファイサーになるのがいいように思えます。ところが、社会の仕組みがそうさせないのです。

世の中には、「目標を立てろ」「挑戦せよ」「根性で必達だ！」などのスローガンがあふれています。競争意識をあおったほうが経済が活性化するので、その手法が経営者の間で横行しているのです。歩みを止めると落伍者《らくご》のように扱われる状態は、チンパンジーの階層社会を思い起こさせます。

人生がむなしくなるのは、あなたのせいではありません。

競争をあおるスローガンにあふれた社会がマキシマイザーになることを奨励しているのです。どんなに優秀で目標を達成しても、次から次へと難題がふってきて、結局、最後には達成できなかったむなしさだけが残るのです。こうして個人が不幸になっても、社会のほうは着実な経済成長を達成するのです。
徹底したマキシマイザーは、たまったものではありません。

そこで、**人生がむなしくなってきたら、サティスファイサーのことを思い起こしましょう。**人間はみんな、マキシマイザーとサティスファイサーの両面を持っています。マキシマイザーであっても、折に触れてサティスファイサーになればいいのです。

「信じれば結果がついてくる」「信じ方が足りないんだ」などの、マキシマイザーの発想を一掃して、「挑戦している今が楽しい」というサティスファイサーの気持ちを交えた人生にしていきましょう。

諦めなさい
経済の活性化のためなのだから

9 寿命で死んでしまうの、しょうがない！

私たちには、ケガや病気をなおす自然治癒力があります。なのに、なぜ寿命があるのでしょうか。老化も自然治癒力でなおせばいいのではないでしょうか。

でも、その自然治癒力がいつ発動するかも、遺伝情報で進化した結果なのです。

町の医院に行くと、子どもとお年寄りばかりが診療に来ていることがわかります。そうした年代の人々に病気が多いからです。逆に言うと、20代や30代は病気にかかりにくいのです。これはその年代が生殖年齢だから、その年代での病気に対する抵抗力が進化しているのです。

つまり、**高齢の動物に発生する病気に対する抵抗力があってもなくても、すで**

に子どもをもうけ終わっていれば、進化と無関係なので抵抗力の遺伝情報は広まっていきません。逆に、幼い動物に発生する病気に対する抵抗力が弱くても、親は次の子を産むことによって、その遺伝情報をある程度引き継いで残してしまいます。結果として、人間においても子どもとお年寄りばかりが医院へ行くことになるのです。

しかし、前に述べたように、人間の場合はお年寄りも協力して育児をするなど、生活様式が変わって年長者にも進化的な利点が発生しました。それによってほかの動物に比べるとかなり長寿になってきました。

それでも寿命があるのは、**身体を作る部品の故障に対する生物学的な対策**なのです。一般に、魚類は子どもをたくさん産むのに対して、哺乳類は限定した数の子どもを産んで大きく育てます。

大きく育てることが可能な環境ならば、そのほうが着実に子孫を残せるので、哺[*9]乳類の戦略が有効なのです。

でも、延々と寿命を延ばすのは、生物として得策ではありません。家を建てる例で考えてみましょう。

災害が多い土地ならお金をかけずに簡便な家を建てます。壊れたら、すぐ次を建てればいいのです。災害がなければ、頑丈で快適な家を一気に建てておき、少し壊れた部分が生じたらそれを修繕するほうがいいですね。ところが、頑丈な家でも建築部品の耐久期間があり、50年も１００年もするといろいろな部分が壊れてきます。やがて、修繕するより建て直したほうが安上がりになるのです。

人間の身体もそれと同じで、年をとるといろいろ故障が増えていきます。**遺伝情報の戦略としては、自然治癒力を発揮して修繕しても追いつかないので、建て直しがよいとなるのです。それが寿命です。**

今日では医学が発展しているので、ある程度の長寿化は見込めますが、それでも延々と寿命を延ばすのは生物学的に無理というものです。

寿命があるからこそ、修繕が追いつかない身体でさまざまな苦しみを味わいつづけるよりも、次世代に遺伝情報や知恵を授けることに希望が見出せるのです。

諦めなさい
寿命は身体の建て替え戦略なのだから

＊9 数理生態学では、子どもを多く産む生物をr戦略、子どもを少なく産んで大きく育てる生物をK戦略という。

生物学的に、しょうがなくない！ ホットハートとクールマインドのバランスをとろう

わがまま勝手な小人さんたちの集合体であるホットハートは、感情や欲求によって身体全体をコントロールしています。一方、意識的な働きであるクールマインドは、現代社会にうまく合わせた行動がとれるように、理性的で柔軟な思考を行っています。

ここで重要な点は、クールマインドが感情や欲求を直接コントロールできないことです。もし「うれしくなりたいと思って実際にうれしくなる」という、麻薬を打つような仕組みがクールマインドにあれば、私たちの日常生活は成り立ちません。みんなうれしがっているばかりで誰も仕事をしなくなります。

社会が麻薬を禁止したうえで、仕事をするとお金がもらえるようになっているのは、クールマインドの実情をよく心得ての制度といえます。お金を払えば、自分のうれしいことがある程度実現でき、ほかに選択肢がなければ、クールマインドは仕事をしてお金を稼ぐことを目標にします。その結果、多くの人が仕事をするようになるのです。

人生を楽しむことが最終目標であり、お金や仕事はその手段であるサティスファイサーならばハッピーですが、お金や地位が目的化するマキシマイザーであると人生がむなしくなります。

現代では、文明社会に合わせる作業はクールマインドが担いますが、ハッピーになるのは依然としてホットハートなのです。クールマインドを磨いて、社会から要求される仕事をうまくこなせれば、ホットハートがハッピーになれる道が拓《ひら》けるのです。しかし、うまくこなし過ぎるのも考えものです。クールマインドだけの機械的な人間になって、楽しむことを忘れてしまいかねません。

ホットハートの生物学的にしょうがない部分を残しつつ、クールマインドによる工夫を少し発揮して社会に適度に合わせるといった姿勢がよさそうです。そうしたところに、充実した人生があるようです。

おわりに

これまでたくさんの生物学的にしょうがないことを見ていただきましたが、いかがでしたか？

自分ができないことや悩んでいることでも、それが個人の資質ではなかったとわかるだけで、少しは肩の荷が下りたのではないでしょうか。

最後に本書を執筆するなかで私が考えていた「しょうがないこと」をお伝えしましょう。

当然ながら本を一冊書くのは、大変な労力がかかります。

人は何か新しいものを生み出すときや行動を起こすときに「やる気」が必要であると思われています。私も本書執筆にあたり、やる気を出してここまで書いてきました。

さて、最後にみなさんに質問です。

「やる気」は出さないといけないのでしょうか？

出す必要がなければ、ダラダラしていてもいいのではないのでしょうか。

うちのペットの猫は、ほとんど1日中寝ています。ときどき起き上がっては、餌を食べたり排泄《はいせつ》したりしています。気持ちよさそうに丸くなって寝ているので、私がちょっかいを出すと迷惑そうに「ちろり」とにらんで、また寝てしまいます。「ペットとしてのやる気がないな」と、私も諦めぎみです。

動物は基本、生きるために「やる気」を出さざるを得ない生物です。動かなくとも日光で栄養を作れる植物ならばいいのですが、動物は、食べ物を求めて動き回らねばならないのです。時には、捕食者から逃げ回ることも必要です。

でも、食料が足りて安全も確保されていれば「やる気」は不要です。むしろ、**あれこれ動き回るとエネルギーを消費して、また食料が必要になってしまうので、寝ているのが効果的なのです。**

人間も同様です。衣食住と安全が確保されれば「現状維持」でいいので、やる気は出ないものです。よくベンチャー立ち上げには「ハングリー精神が必要だ」と言われますが、まさに、現状が悲惨なときほどやる気が出るのです。

だから、企業では社員のやる気を出させるために、「プロジェクトが成功したらボーナスを出すよ」「社長賞が待っているよ」といったインセンティブを提示するのです。想像力のある社員ならば、将来のいい生活を夢見て、「いっちょうがんばるか」となります。ま、斜に構えた社員ならば内心「そんな口ぐるまには乗らないぞ」と思うので、やる気は出ないでしょうねぇ。

それでも、やる気を出したいときのヒントが出版業界にあります。

売れっ子の作家センセイが雑誌に連載しているときに、締め切りに間に合うよう原稿執筆のやる気を出させる方法です。センセイを旅館に缶詰めにして、編集者が部屋の前に陣取ってせかすのです。「センセイ、いい加減に原稿書いてもらわないと私、クビになっちゃうんです」とプレッシャーをかけます。すると、「十分に売れたので印税はもういいや」と考えているセンセイであっても、「あいつのためなら」と奮起するものです。

人間は人のために働く動物なので、こうしたやる気の出し方があります。企業のプロジェクトが仲のいいチームで進行していたならば、仲間のためにと思うと、不思議とやる気が出るのです。

ここで、本書執筆にかかわる「私のやる気の秘密」をお教えしましょう。

前世紀末に、進化論と脳科学を介して心理学と生物学は強く結びつくようになりました。アメリカの心理学教育のバイブルとされる教科書では、心理学の各項目に生物学的視点と脳科学的視点が併記されるようになりました。

そうした中私は、学生の理解を深めるための解説書を出版しました。このときの私の予想は「日本でももう10年もすれば、生物学的な観点から心理を語ることはあたり前になっているだろう」でした。なぜなら、心理的な悩みは動物と比較し、生物進化の枠組みから語れば、かなり解消できるからです。

私の解説書はそこそこ読まれ、私のゼミに入室を希望して、わざわざ入学試験を突破して来てくれる学生も現れました。

ところが予想に反して、10年たっても生物学的な観点から心理を語ることはあたり前にはなりませんでした。人間を動物のように語ることに、日本の文化では壁があるようです。

そこで今回、「もっと広く市民一般の方々に読まれる本が必要だ」という思いが強くなり本書を執筆しました。本書を読んでくれた方が「悩みが軽くなりました」と感想をお寄せいただければ、それが私の満足感になります。

このように私は、満足感や達成感を期待して、やる気を出しています。本書はその成果なのですが、それでも毎日が「やる気満々」ではありません。やる気が出ない日もよくあります。そういった日は、やる気が出てくるまで「積極的に待つ」感じでなんとか過ごし、書き進むことができました。

ですので、本書に述べられている内容がSNSで広がり、多くの書籍にコピーされ、ふつうの日常会話になっていくことを希望しています。私が電車の中で「人間を動物のように語る会話」をたびたび聞けるような状態になれば、私は達成感が得られ、とてもうれしいのです。

最後になりましたが、本書の制作に携わっていただいたみなさんに御礼を申し上げたいと思います。

思えば、このようなテーマの本ですから、「そうか、生物学的にしょうがないなら、書籍作りを面倒に思うのもしょうがないことなのだな」と納得し、早々に放棄して遊びに行かれても仕方のない企画だといえるでしょう。

にもかかわらず、今のように書籍の形になったのは、みなさんの「しょうがなくない！」という熱意に支えられてのことでした。

本書自体が生物学的な障壁を乗り越えて形になった、ひとつの典型例とも言えるでしょう。

著者エージェントであるアップルシード・エージェンシーの遠山怜さんには本企画の全面にかかわっていただき、原稿にはさまざまなアドバイスをしていただきました。編集者の尾澤佑紀さんには私の発想を書籍に活かし、丁寧な編集を手がけていただきました。同じく編集者の岸田健児さんには、生物学という複雑で重厚なテーマを一般読者に届けるべく、さまざまなアドバイスと指示をいただきました。みなさん、ありがとう！

石川幹人

石川幹人

1959年、東京都生まれ。進化心理学者、
明治大学情報コミュニケーション学部教授、博士（工学）。
東京工業大学理学部応用物理学科（生物物理学）卒。パナソニックで映像情報システムの設計開発を手掛け、新世代コンピュータ技術開発機構で人工知能研究に従事。
専門は認知科学、遺伝子情報処理。
・生物進化論の心理学や社会学への応用
・人工知能（AI）および心の科学の基礎論研究
・科学コミュニケーションおよび科学リテラシー教育
・超心理学を例にした疑似科学研究
などの生物学や脳科学、心理学の領域を長年、研究し続けている。
「嵐のワクワク学校」などのイベント講師、『サイエンスZERO』（NHK）、『ビートたけしのTVタックル』（テレビ朝日）ほか数多くのテレビやラジオ番組に出演。
主な著書に、『職場のざんねんな人図鑑』（技術評論社）、『その悩み「９割が勘違い」』（KADOKAWA）、『なぜ疑似科学が社会を動かすのか』（PHP新書）ほか多数。

生物学的に、しょうがない！

2021年6月10日　初版印刷
2021年6月20日　初版発行

著　者　石川幹人
発行人　植木宣隆
発行所　株式会社　サンマーク出版
　　　　東京都新宿区高田馬場2-16-11
　　　　（電）03-5272-3166
印　刷　共同印刷株式会社
製　本　株式会社若林製本工場

ISBN978-4-7631-3907-8　C0045
ホームページ　https://www.sunmark.co.jp